愈成熟，愈天真

與自己的內在小孩重逢

吳若權

自序

與自己的內在小孩重逢

學會成熟，懂得珍惜所有的情深義重；
永保天真，一切愛恨在轉身之後，便雲淡風輕。

如果可以回到過去，你最想和幾歲的自己相遇？

閉上眼睛，循著平行時空交錯的軌跡，我看到五歲的自己，奔跑在深山的小徑。

他那麼孤獨，卻那麼自由；他那麼靦腆，又那麼熱情。

在茂密的森林底下，他小小的身軀，因為陽光的投射，而成為宇宙之間最亮的光點，飄盪在樹海之間，像一艘浪跡天涯的小船，完全沒有任何把握，但在冥冥中使勁地摸索著前往燈塔的方向。

那年，隨著父母搬遷，從台北都會移居新社鄉間。面對全然陌生的環境，竟有些熟悉的感覺。我好奇地探索著新的世界，心裡明明很害怕，行動卻充滿勇氣。

因為當時的鄉間沒有幼稚園，我很快地被送入小學就讀。學校已經開學一段時間了，同學平均年紀都比我大上一、兩歲。我害怕落後太多，吃力地跟上進度，課業只到達勉強還能應付的程度。放學後，多半的時間都在玉米田裡放風箏。

我一直覺得自己，是一隻孤獨的風箏，飛在幸福的天空。

直到現在，這句話依然是自我介紹時，最能夠詮釋前半生的故事。

十一歲的我，從山上又搬回都會，離開那一片夜間佈滿銀河的星空。步入青少年，嚐遍成長的挫折與煎熬，身處深沉灰敗的歲月裡，依然有著不畏艱苦的勇敢，閃亮在傷痕累累的路上。

再度看到黑暗中的璀璨，是在初戀夜遊的港灣，看著遠方捕捉小管的漁船掛著成串的燈火，猶如湛藍幽暗的海面，漂浮著童年故鄉空中的星光。

開始闖蕩江湖，看似自信的我，和戀人交換秘密般地，訴說著自卑的過往，相濡以沫的擁抱，以為那就是地久天長。

直到我已經成長為輕熟男的夏天，一位在職場上剛認識的朋友，突如其來地邀請我，搭飛機抵達澎湖。

夜間兩人醉倒碼頭邊，酒醒發現此行的任務，是用友誼的陪伴，療癒對方失戀的情傷。在澎湖海天一色的蔚藍中，我才真正知道：**所有未能修成正果的愛情，都是一場無法抵達對方港口的流浪。**

關於愛的種種遺憾，都在教我們學會原諒

從少年到熟年，漸漸成為大人的我，並不特別覺得時光荏苒。從這一站、到下一站，都在轉瞬之間變得理所當然。來不及去叩問生命，是什麼把自己帶到遠方？傷心失意的時候，總會想起童年時，曾經給過自己溫暖懷抱的力量。

「其實我知道，爸媽當時是愛我的！」

每當我對個案做童年療癒諮詢時，都會聽見這一句話。或是，完全相反的另一句話：「我有時候懷疑，爸媽根本不愛我！」

這兩句看似說詞相反的話，背後都透露出：已經成為大人的我們，內心深處曾經有過的不安，以及對愛的渴望。就算試著理解，還是感到遺憾。

無論童年回憶裡，父母的愛是不是真的完全滿足子女的需要；真實生活中

的他們，確實都會出現力有未逮的時候。所以，後來的我們，不是變成一個永無止境地在討愛的人、就是長成了沒有底線付出的模樣。

原來，那些有關於愛的種種遺憾，都是在教我們學會原諒。

因為家庭的因素，我很早就成為一名照顧者。才剛剛有能力，開始準備承擔這個世界給我的挑戰，就必須挺過母親病倒、父親驟逝的磨難。然後，在蠟燭兩頭燒的奔波中，竭盡所能地證明著自己。

在痛苦深處，我的心裡一直有個內在小孩，就是那個五歲的男童，依然奔跑在深山的小徑，追逐著生命的答案。

他，不想成為別人的負擔，但始終牽掛著別人；他，那麼勇敢要付出愛，卻能夠不斷割捨；他，那麼渴望得到愛，又知道別無所求，才是最純粹的擁有。

終於，他學會：**願意接受當下，就可以真正放下。**

迷惘的時候，我常獨自走向大海。懷想幼年時，父親把我扛在肩上逐浪，天真的笑聲，延伸視野的寬廣；回味初戀夜遊港邊的漁船，在海面鋪滿星光。其實，我真正期盼的，是與自己的內在小孩重逢。

我要用已經修復成長的創傷，並且學會如何真正去愛的自己，重新好好擁抱他。謝謝他一路走來，陪我堅強，伴我勇敢。然後，換我將他扛在肩上，一起眺望我們的夢想。

成熟後的天真，十分珍貴

另一位從小生長在澎湖的好友，長大後到台北工作，說他比較喜歡親近山。因為他的童年記憶，是父母忙於事業，他終日獨自戲水於沙灘。潮汐起落之間的時光，寫滿他心底莫名的孤單。於是，他常要我陪他往山裡去。

傍晚去陽明山，無意間追逐到初開的櫻花，綻放於落日的林風中。夜幕迅速垂落，台北市區的萬家燈火，點燃城市旅人心底的浪漫。

我沒有告訴他這個秘密。對我而言，眼前的景象，其實也是一片海洋。

在歐洲工作的那段日子，我剛搬到新的租屋地方，一個周末循著海浪的潮音前行，以為小徑的盡頭，轉角之後就是一片汪洋，卻發現它其實是一座浩瀚的樹林。徐徐和風，從茂密的枝葉吹過，一如浪花眷戀沙灘的低吟。

隨著生命愈來愈成熟，閱歷愈來愈豐富，長大後的我們，有足夠的能力去辨識，是或非、對或錯、愛或恨、黑或白、山或海、漁火或星光……但我很慶幸自己，臣服於無以數計的世事無常後，繞了生命的遠路，越過青春的迢遙，能夠與內在小孩再度重逢。

他依然天真地不計得失、不論對錯、不畏愛恨，把山當作海，讓漁火變成星光。即使，知道自己會害怕，但還是願意選擇勇敢。

學會成熟，懂得珍惜所有的情深義重；永保天真，一切愛恨在轉身之後，便雲淡風輕。

雖然我不知道，什麼時候「天真」竟也變成帶貶抑的詞彙，和世俗的「白目」有些灰色地帶的重疊；但我知道，成熟的天真，十分珍貴。它讓我**在心生委屈與憤怒之後，因為原諒對方而學會去愛；讓我在遭遇挫折與傷害之後，因為懂得疼惜自己而決定放下。**

只有歷經滄桑的人，過盡千帆，才能懂得回到最初的珍貴。像所有追尋夢想的童話故事，跋涉萬水千山，最終發現：其實寶藏就埋在出發的樹下。

繁華落盡，依然繽紛

春天來臨的黎明，一場大雨過後，我們按照約定計畫，沿著晨霧鋪陳的道路，一如通往神仙的故居，盤過山丘茶園，飄然來到栽植紅柿的農園，趕上產季最末的餘溫，跟枝頭的幾抹紅艷告別。

說是告別，卻是初見！

第一次看到枝頭上新鮮的紅柿，竟是它們在春天來臨前的最後一場謝幕。經營農園的老夫妻，很意外此刻有訪客到來。他們的待客之道，是毫不矯情做作的賓至如歸，真心誠摯地解說，從栽植到採收，從乾燥到窯燒。

打開漆黑的窯爐，傳來陣陣龍眼風味，老農用極其謙卑的音調，試圖悄悄地掩蓋藏在秘方裡的榮耀。然而，提供訪客試吃的柿餅，依然真情流露地展演出老農的用心與努力。

我看到阿伯粗糙的雙手，泥土與炭灰深入於指甲縫隙間，彷彿已經成為皮膚的一部分，任憑汗水與眼淚都無法洗滌。因為那是歲月所能留給認真的人們，唯一的靈性勳章，獎賞曾經付出勞苦的自己。

以漫步雲端的姿態，緩緩離開農園。看見山上滿園柿樹的葉片凋零，只剩幾顆紅柿在枝頭，猶如趕在一場愛情消逝前，最後的回眸。幸而老農，用他的雙手，留下紅柿的嬌艷。摘下這最後一批的鮮果，製成柿餅之後，還能維持生年後的生計。

當人生的滄桑已盡，所有的孤獨，只會讓旅人的心，更透明澄淨。期待下一個季節，柿子紅了，愛也近了。

謝謝你，陪我走過這繁華落盡，卻依然繽紛的世界。或許，總有一天，我會失去愛你的權利；但我想你會知道的，我連想念都如此用力。

潮來潮往，足跡依稀。

《愈成熟，愈天真：與自己的內在小孩重逢》是我的第一一五部作品，獻給跟我一樣，渴望療癒、不忘初心的你。

— 目錄 —

輯一

回到最初的自己

輯二

那些長大後的面對

輯三

有所不為的愛

輯四

遠行看見人生風景

輯一

回到最初的自己

最可貴的相遇，與自己久別重逢

別因害怕辜負他人的期待，而未能盡全力去眺望自己的天空

曾經偶然間跟朋友聊起那個漁港，沒想到我們在秋天正式來臨前的最後一個炎炎夏日翩然造訪。

有時候，看似沒有刻意安排的事情，過些時候回想起來，都有其深刻的意義。那天的陽光盛開，一如熱情的少年，燦爛的笑容底下，有著瀟灑告別的姿態。

而我期待甚久的心情，明明已經漲滿到風塵僕僕般，卻因為熟年的世故，

可以把疲倦都收容在興奮裡。

如果，世間所有的相遇，都是久別重逢；那麼，我能夠擁有幾次的久別重逢，是在相聚之後，從此不再離開？

小時候，父親帶我去基隆訪友。我們在港邊停留，看著停泊輪船，聞著魚鮮腥味，夾雜燃油的氣息。那年的我，小到可以讓父親扛在肩上，而瞬間得到夢想的視角。天真，無敵。

當地友人，招待我們吃海鮮。父親很會處理魚頭，但他總記得把大大的魚眼睛，放進我碗裡。那是我們父子之間的小默契，滑順的口感中有著耳聰目明的期許。

午餐後，父親牽著我的手，晃進傳統市場，採買魚蝦回家。這一直是他的好習慣。無論工作多累、路程多遠、手頭多緊，都會大包小包提很多「等路」，不會讓倚門守候的母親失望。

儘管傳統市場四周，瀰漫著港邊的氣味，甚至混雜更多嗅覺的刺激，加上濕濕黏黏的地板，嘈嘈雜雜的聲響，我都以為那是一種雖非日常、但很生活的浪漫。

童年的幸福記憶，曾經因為青少年時期的灰暗過程，而不再光彩動人。尤其在失學的那段日子，我完全忘記自己曾經如何被愛。經過重考，上了高中以後，在亟需慢慢重建自我的人生階段，一位愛釣魚的同窗，常邀我到八斗子陪他釣魚。

重返基隆，看到大船入港，想起兒時碗裡的魚眼睛，無限感傷。天真依舊，卻不再浪漫。

現實生活的挫折與打擊，讓我深深覺得自己辜負了父親的期待。

即使身高已經長到超過一百七十幾公分，我的視角依然無法超過童年時，被父親扛在肩上的眼光。

關於海洋的遼闊、離別的滄桑，我其實都是長大以後才漸漸明白的。

後來的我，在人生不同階段、跟不同的工作夥伴、或交往對象，多次重返過基隆，以及附近的漁港。當透過海風傳送的魚鮮味，喚醒兒時幸福記憶的畫面，我就能和自己的內在小孩久別重逢。

然而，他從不慰留我，只是一次又一次的目送我離開。

於是，我又繼續漂流在人海。

直到父親過世後的這十幾年來，我每一次經過每一個漁港，都會重新溫習海風裡的魚鮮味，彷彿在畫布中一次又一次重新描繪，過去生命中曾經被愛的痕跡。而其中的每一條線段，都有很深刻的意義。**即使零碎、**

片段、曲折，都能重新組合出強大的力量，支持著越過中年山丘的我，傷痕累累後再繼續踽踽獨行。

熟年之後的我，終於懂得回來疼惜自己。接受不完美的人生、以及不完美的自己。或許，我們都曾經辜負過別人的期待；但是，我們從未辜負過所有來自別人付出的愛。

因為我們也曾經真正對別人付出過，所以知道那些心甘情願地付出裡，其實根本沒有任何的期待。真正的愛，原來是無條件地給予。

在父親把我扛在肩上的那一刻起，我就該明白：他只是窮盡他一生的力量，無怨無悔地讓我看見，比他視野更遼闊的海洋。而我竟磨耗半生時光，為了怕辜負別人的期待，而未能盡全力去眺望自己的天空。

那些錯過的遺憾，只會在每一次對別人付出愛的時候回補。尤其是在沒有期待的付出裡，像農曆十五的月光般圓滿，別無所求，只是綻放。

我只是在跟朋友聊天中，輕輕提及這個漁港，怎料到會有說走就走的緣分，在相隔多年以後復返。我無法分辨，心底小小的顫動，究竟是在感謝對方的陪伴、或心疼自己的感傷？

於是，我像是要讓自己在夢中確定這不是夢般，用力捏著臉頰，狠狠地再問一次：如果，世間所有的相遇，都是久別重逢；那麼，我能夠擁有幾次的久別重逢，是在相聚之後，從此不再離開？

季節，很快給了答案。

回台北的第二天，氣溫驟降，秋雨連綿。像是無預警、又似乎是安排好的，夏天真的走了！而我該告別的，不是童年的漁港，而是對生命中所有摯愛的人與事，不願分離的執念與感傷。

每一次流浪，
都是為了證明自己，
還有勇氣眺望遠方。

留在沙灘上的年少勇敢

赤腳踩在沙灘上，可以疏通能量，潔淨自己

大叔不經意地隨口問起：「你想去哪？」的時候，男孩漫不經心的提及：「想去海灘。」

之後，彼此便沒有特別再提起這件事過了。

在那個氣象報告說，午後將會有熱對流帶來豪雨的日子，晨起的天空卻是一片晴朗的蔚藍。連向來不多話的大叔，都不禁向男孩說：「這天氣好得不像話啊！」

然而，他們並沒有立刻動身。像是一種內在堅實的篤定，也像是臣服命運的注定，各自隨遇而安地過著日常。到午後兩點會合，默契十足地一起出發。

雙方沒有多餘的對話，彼此的方向卻是共同的。那睽違多年的海灘，在不到四十分鐘的車程後，隨著滾滾浪花漂到眼前的腳邊。淺淺落落的足印，是串起又散落的珍珠，既醒目，也滄桑。

儘管此刻，晴空萬里。氣象報告預告的雨勢，並沒有如期報到。但出發的路途中，依然沒有安全感的男孩，純真地在內心祈禱著，遠方的烏雲可以慢點飄來。

他內心其實很焦慮，但五官看起來仍安靜。童年裡的風雨飄搖，是男孩深刻的鍛鍊。讓他從小就知道該如何以鎮定掩藏心慌，卻始終不明白，這究竟是為了欲蓋彌彰的軟弱，或是刻意不要關心他的人，跟著操煩。

是不是許多男孩都一樣？成長過程中的資源匱乏，終將影響一生內在的豐盈。於是，長大後就變成所有大叔共同的模樣——缺乏自信，渴望被愛，卻又故作鎮定？

或許，有些大叔已經徹底療癒了自己。內心過往曾有的洶湧，都化成遠方的海天一線，看起來平靜而穩定。

在腦海和往事擦肩而過的片刻，以上這段情景其實是自我的對話。已經是大叔的我，與自己的內在小孩重逢。我彷彿瞬間回到兩、三歲的童年，在大人驚覺怎麼有可能殘存的記憶裡，指認出父親用一雙堅實的手掌，撐起我小小的臂膀，揮霍著父子倆逐浪跳躍的時光。

那是困苦歲月中，極為珍貴的幸福篇章，每每在我青少年時期，身處家庭為經濟壓力而爭吵的氛圍裡、以及學校不斷被師生霸凌的委屈中，不斷質疑生命是不是還有愛的時候，幾度漂流，終能靠岸。

國中的時候，就讀被升學主義放棄的放牛班。難得碰到一位剛從大學畢業前來任教，充滿愛心的老師。她在交通不發達的年代，帶班上同學千里迢迢輾轉不同客運，抵達青春到可以榮辱不驚的海灘。嘻笑怒罵中，浮現心頭的，卻是童年時，父親在沙灘上抱起我，迎風升空的飛揚。

那個下午陽光燦爛的記憶，成了黑暗青春期的一盞燭光。彷彿赤足踏浪，陷落在沙灘的腳印裡，細細訴說著的溫柔，是試圖從地獄傳遞可以重生的訊息，隱隱透露著：**再壞、再墮落的孩子，也會有人關心、有人愛。**

那我又何苦隨著世俗的眼光，不斷地、無情地批評與貶抑自己？

即使那時候自省的力道，還不足以翻轉人生的灰暗，卻埋下一顆種子，靜靜在少年成長的歲月中發芽，長出內心對溫暖的嚮往。

此後，我就愛上一個人的海灘。常逃學如逃命般的，獨自搭上遙遠的公車，天荒地老般回到海灘，眷戀著一絲溫暖，奢求著一方燦爛。

直到高中畢業那年，最後一個暑假的某個下午，在偏僻的海灘偶遇意圖持刀搶劫的怪客。我意識到：霸凌，竟可以無所不在地跟隨，從校園蔓延到海灘。原來所有的害怕，其實都是在積累脫困的勇敢。當我以顫抖的身體，冷靜面對那把尖刀的時刻，才知道那些日子以來，不斷想要逃避的，是一無所有、甚至一無是處的自己。

十七歲時，我那對驚恐的眼神裡，一定是把所有的害怕都堅定地偽裝成憤怒，卸下尊嚴之後，反而被對方認為是最有戰力的強悍武裝。如噩夢中的情景，明明叫不出聲，卻像是已經使出全身的力氣吶喊：「我是個什麼沒有的人，你還想能從我身上拿走什麼？」

瞬間，怪客棄刀而逃。

歷經短短二十秒的驚險，沒有真正發出的呼叫、沒有聲嘶力竭的求救，沒有電影情節中的死裡逃生，卻感覺自己已經幾度輪迴又重生。

後來，每一次去海灘，我都有前世今生的錯覺，以為自己不遠千里，追逐的只是平行時空中，另一個自己的背影。如同，方才與我擦肩過的兩個人，其實就是自己內在小孩與中年大叔的重逢。

至今我還是很喜歡在海邊，做著靈性的功課，舞著魂魄的肢體。赤腳踩在沙灘上，釋放全身需要排出的能量與電流，再把新生的能量與電流，化作光束，導入沿著脊髓鋪陳的中線，洗滌脈輪，潔淨自己。

長成大人的我，已不再期待任何人為我點一盞燭光，只期盼自己能因為愛而閃亮。

每一片翻騰而來的海浪，都是記憶與現實的交疊。過往的憂傷，只有活在當下，才能被撫平。猶如浪花碎落成為泡沫，依然可以悄悄淹沒歲月的足印。

成為大人以後的你，可記得心中那一段遠離紅塵的沙灘？它曾經無私地接納過你的一切，到現在還靜靜徜徉在記憶的海邊，等著世俗中已經被現實折磨到疲累不堪的你重返，找回青春無敵的勇敢。

每一片翻騰而來的海浪，
都是記憶與現實的交疊。
猶如浪花碎落成為泡沫，
依然可以悄悄淹沒歲月的足印。

沉默裡的千言萬語

沉默的力量，必須由愛與信任為基底才會強大

我從不覺得「沉默是金」，因為，它既過度美化沉默的意義，也太簡化了沉默的意涵。

這是我從小就有的深刻觀察與體驗。我的父親，大半生都是沉默的。其實我並不真正知道，那究竟是來自於他天生的個性、或是因為聽力障礙的緣故。在我跟他相處四十年的過程中，他始終沉默寡言。

幸而，他是個細心體貼的男子，所以並不會因為沉默，而令人覺得嚴肅。

話雖不多，卻無礙於和他親近。

就算是在生活中，以父親的角色出發，他開明而不設限的管教態度，能夠同理對方所以彼此無須強辯的沉默，反而成為他很大的優點。比起那些不停叨叨唸唸、管東管西的家長，會更讓子女願意信服。

大概是這個原因，我始終覺得沉默的男人，有無敵的魅力。它代表深思熟慮、用心傾聽、體貼包容、以對方的意見為優先。

成為大人以後的我，有機會與各種不同個性的人相處，我才慢慢發現：**並非所有的「沉默」，都是如此溫暖無害的。尤其，有些沉默不分性別，都具有共同的殺傷力，是刻意以「冷暴力」的方式，試圖主張或捍衛自己的權利，或出自於強烈抗議自己未受尊重的委屈，才用看似輕鬆簡單、卻極其用力的無言，不惜一切，殘酷地攻擊對方。**

這和我小時候，從父親身上體驗到的「沉默」，有很大的不同。

原來，所有的無聲勝有聲，之所以有巨大的力量，是必須基於無限的愛與信任。是因為這份體諒、這份包容，才能真正做到欲「辯」已忘言。

稚齡時的我，大部分時間乖巧，但總有鬧脾氣的時候。至今還印象深刻的是，父親並不以言語安慰或規勸，總是一把撈起我，或抱、或背地往外走，讓我在淚眼模糊的視線中，眺望靜默的遠方。

我曾趴在父親的背上，看過春天黎明的雨露、夏季清晨的晴空、秋日傍晚的稻田、冬至夜裡的爐火。所有憤怒的、哀傷的、不安的眼淚，都在父親的沉默中，被風吹乾。

我們父子的溝通，很少透過語言。我以為，所有愛都可以如此。

有一次，父親難得開口對我講話，竟是撕裂沙啞的喉音，我感到無比震驚與心疼。那是兩岸開放探親之後，他幾乎散盡在台灣所儲蓄僅有的個人積蓄，回到他兒時的故鄉探望家人，連續幾天幾夜閒話家常後的結果。那時的他，和故鄉已闊別多年。父母俱亡，只能和在大時代巨變中倖存的兄弟，忘情地訴說久別重逢的感傷與盼望。然後，他一回到台灣就真正徹底地「燒聲」了很長一段時間，而臉上寬慰的笑容，如海浪般撫平沙灘上的滄桑。

有了這樣的體會，我特別能夠包容世俗男人在公眾場所中，餐廳、酒吧、游泳池畔、溫泉台階……言不及義的闊論高談。即便是提高八度的音量、世俗膚淺的內容、口沫橫飛的神情……我都能置身事外地，看著、聽著、想著、回憶著，那是一種喧嘩中的沉默、人群中的抽離，熱鬧中還能與自己同在的慶幸。

後來的我，無論在專業職場或日常交友，遇到不善言辭的男人，都會比較有耐心地傾聽與對待。說來也妙，我還真的比較少碰到口拙的女人。暗自猜想，這和東方男性在成長過程中，情感比較容易被壓抑的教養方式有關。

在我的觀察裡，就算是從事銷售工作，口若懸河固然是個優點，安靜內斂有時候也可能博得信任。說完該交代的重點之後，沉默下來，讓顧客思考如何做決定，會比咄咄逼人的態勢，更具有說服力。

之前曾經有個男性朋友，透過諮詢管道前來尋求我的協助。互動幾次發現他有輕忽承諾的個性，常常說到之後，又做不到。即使跟我約時間碰面，也曾臨時爽約。這些特殊的行為，造成他人際關係的障礙，確實和他的成長過程，有緊密的關聯。

當然，這就是他需要諮詢的原因，身為他的輔導員，我是一定會、也一定要體諒的。

事後，他還是想跟我道歉。約了時間碰面，他笑得非常靦腆。我們對坐，靜默多時，咖啡都涼了。

我問他：「你有什麼話，要跟我說？」

他認真看著我，那抹帶著歉意的笑容，依然持續幽幽地綻放他的真誠，千言萬語說不出口，沉默之後的回答是：「沒有。」

我不知道他身邊的家人、朋友、同事、主管，能不能理解他沉默底下，想說而說不出的千言萬語，能不能像我這樣以「一笑泯恩仇」的態度對待他。我只知道啊——沉默，不是金。

沉默，可以是「不言而喻」，也可以是「不可理喻」。

一個人之所以習慣性地表現沉默的態度，有時候是他刻意操作的策略，有時候是他有很多不得已，有時候是他基於愛與信任而認為你一定會懂。人生，有時候很複雜。習慣表現沉默的人，或許同時應用了這三種可能，自己未必知道。

人生，也可以很簡單。若你看到對方總是沉默以對，除了千方百計去解讀他未說出口的千言萬語，也可以選擇無條件地接受他的沉默。不再猜測、不再逼問，撐起小船，共同浮盪時光的河流。

當「輕舟已過萬重山」之後，誰還會真正在意「兩岸猿聲啼不住」？世間紛擾，只是過程。終歸平靜，是共同的追求。就算有一天，彼此方向已經不同，都能在沉默中給對方最大的祝福。

沉默，
可以是「不言而喻」，
也可以是「不可理喻」。

幸好那段日子，有你有我

陪伴，需要全心全意

即使不是全職的家庭照顧者，也能做好陪伴這件事。**陪伴，不一定需要具備最完整的專業技術，而是需要一段完整的時間，無論多長、或多短，必須全心投入才行。**

我常聽上班族朋友帶著內疚的心情說：「因為平日要上班，回家後還要忙小孩。實在很羡慕，你可以這樣陪伴老人家。」

其實，這是已婚者的日常，不需要內疚。就算單身沒結婚，也不一定能夠傾盡心力，對父母噓寒問暖。

老實說，年邁父母會開口要求的也不多，反而是心裡很想要子女陪伴，卻體恤大家公務與家務兩頭奔忙，嘴巴上都會說：「你忙，不用過來看我！」或子女才進門沒多久，就馬上催著他們快走。

雖然我擔任居家照顧者，已經超過二十多年，在陪伴這件事情上，我做得並不夠好。是一直到最近這幾年，才真正調整到自己比較有覺察的狀態，而媽媽的感受也比較好。

以早些年為例，媽媽還不需要全程使用輪椅，我每個星期都會固定安排一天陪她外出散心。天氣晴好的時候，我們常去市郊沿海的碼頭，曬太陽、吹海風，然後到岸邊的咖啡館坐坐。

閒聊幾分鐘之後，我就會開始做自己的事情。像是看書、整理資料、回電子郵件、滑手機等。從前，我覺得在照顧空檔中，盡量插空隙處理私人細瑣，可以說是照顧者「時間管理」的必要技能，但長期下來也漸漸累積了很多美中不足的遺憾。

其一是**讓被照顧者覺得自己是負擔**。這樣的舉動會讓被照顧者認為，你其實很忙！彷彿不斷地提醒著：自己是你的負擔。即使你傻傻地對外人說：「這是甜蜜的負擔。」無論說詞如何動人，畢竟就是千真萬確的負擔。你無法專心投入的陪伴，讓他更容易貶抑自己，覺得他在拖累你。我想，這絕對不是照顧者希望存在於彼此之間的陪伴氛圍。

其二是**讓被照顧者覺得沒受到尊重**。老人家總希望身邊有人，可以聽他訴說心事，哪怕只是閒聊家常，甚或在你聽來是很無趣的說長道短。但在你關起耳朵的時候，就算你覺得自己可以一心二用，假裝以「嗯」「嗯」回應，他都能察覺到你的心不在焉。而你的心不在焉，給對方的感受，就不只是失落而已，更容易因此覺得自己沒有受到應有的尊重。

其三是**照顧者會漸漸變得彈性疲乏**。

陪伴時長期的一心二用，除了無法專心把自己的事情處理好，還有一個負面的影響，就是會讓自己變得彈性疲乏，連專注力都因此而慢慢變差。甚至有更嚴重的副作用，做什麼事都提不起勁。

若是短期照顧是還好，但長期下來絕對會累積遺憾，而且明顯地發現陪伴的品質不佳。不但彼此都有怨言，也會有很多情緒磨擦。

有位熟女朋友，每天晚上都回家陪伴媽媽，她帶自己的筆電，有時看韓劇，有時處理電子信件。媽媽則看本土電視劇。兩人雖然邊看邊聊天，但常常吵架。

她委屈地向我抱怨她的處境：「為什麼我陪媽媽看電視，兩人會鬥嘴弄到不高興，經常不歡而散，但我家小弟，兩個月回來一次，沙發沒坐熱就又要離開，他們卻聊得很開心？」

她推測的原因，包括：媽媽偏心，從小就重男輕女；或是，弟弟回來，總會帶好吃的來討好媽媽；還有，他每兩個月才做半個鐘頭的孝順兒子，就算是刻意用演的、用裝的，也比較不容易穿幫……

其實以上這些推測，都有可能成立，但是她也忽略了另一個原因：弟弟回來探望時，短短三十分鐘的陪伴，是全心投入的，而她陪伴的時候，是各做各的事。這兩種不同的陪伴方式，彼此感受到的品質大不相同。

這就跟帶小孩一樣，若為避免他哭鬧，隨便丟一個玩具或平板電腦給他玩，跟父母放下手邊的工作親自陪他玩，那是完全不同的相處模式，無論是情感聯繫的深度、或學習啟發的程度，一定是天差地別的。

無論對象是老人或小孩，說陪伴是「重質不重量」，這句話確實自欺欺人。因為，被照顧者內心渴望的陪伴時間，很可能是愈長愈好；**但如果照顧者無法負擔這麼長的時間，寧可回來關注於自己能專心到什麼程度，以陪伴的品質為重，對彼此都是比較好的選擇。**

長期的一心二用，
就是會讓自己變得彈性疲乏。

與你共度最後的時光

懂得珍惜，能堅持到最後的，終將成為生命中的最好

朋友的母親，因為心血管問題驟然離世，他心痛難捨地在臉書抒發情緒，字裡行間有很多感傷遺憾，也慶幸自己這幾年來，因為職場發展的不如預期而決定返鄉，意外地可以與母親共度最後的時光。

他本來在一家知名的連鎖咖啡店工作，位於熱鬧市區百貨商場地下一樓的店面，人潮絡繹不絕，每天都非常忙碌。我和同事常去喝咖啡，加上當時自己剛考過七張咖啡師證照，對於吧檯工作的實務流程感興趣，多

次跟他聊天，因此漸漸熟識。

外表和談吐都非常時尚的他，說自己其實是個鄉下小孩，為了謀生才北上。我可以看出他努力學習，很快融入都會繁華的生活。

有幾次他負責內部教育訓練，邀請我去旁聽。從他親自製作簡報檔案的視覺設計，以及上課時生動活潑的溝通技巧，當然還有不在話下的專業內容，都可以預測他在這個產業的前途，不可限量。

可惜在後來幾次的內部升遷中，他沒有如預期地得到想要的職位。幾經思考，決定返鄉。一方面可以節省生活支出；另一方面可以陪伴母親。

自從他返鄉後，陸續從 Facebook、Instagram 等數位社交平台，看到他分享自在快樂的工作與生活。他依然在那家連鎖咖啡企業工作，但位於鄉下地方的店面，建築外觀與室內裝潢經過設計，特別顯得氣派時尚，很快變成網美打卡景點。

他下班後的生活照，則都是陪母親養雞的畫面。

來自鄉下的純樸小孩，經過幾年都會生活，把自己歷練成為潮男，卻又在三十來歲的年紀，返鄉過著反璞歸真的生活。

再怎麼曲曲折折、起起伏伏的職涯發展，本來也只是一個輕熟男工作履歷的一部分而已，誰能預料仕途發展不順利決定返鄉，竟為他的人生紀錄最美麗難忘的親情終章。

如塞翁失馬，他萬萬沒想到的，這讓他有幸能與母親度過她人生的最後一段時光。雖然只有短短兩年，卻讓思念綿長的餘生，少了很多遺憾。

他的深刻體會，讓我想到自己的過往。跟他同樣的年紀時，我剛離開服務四年的 Microsoft 微軟公司，自己創業開立行銷顧問公司。在業務正起飛的時候，母親因為腦幹出血中風病倒，經過幾個月奔波於醫院照顧與公務繁忙的日夜操勞，我決定交出公司的經營，選擇回家照顧母親。

二十幾年來，陪著母親歷經兩次中風與罹癌。我們共度的時光，不是激烈地和病體征戰，就是與自己和解。即使在痛苦煎熬中顯得歲月悠長，回顧時依然因為懂得珍惜而感覺短暫。

此刻，我們母子都還有機會，繼續把握人生最後相處的時光。跟那些已經變成遺憾的其他人相較之下，在值得慶幸的心情中，也有許多該謹慎以待的自我提醒。

生命無常，誰都無法預測：餘生，還會有多長？所謂最後的時光，要從哪裡開始起算？活在當下，可能會是最好的答案。

對於戀人或伴侶，感情緣分的深淺，或許比起壽命的長短，更難預測精準。攜手走過的每一個花前月下，都有可能是彼此共度的最後時光。我們都曾經想努力付出，讓對方知道自己的勇敢，但有時候當緣分盡時，才會明白：**只要在每一刻都真心對待彼此，無論相愛的時光多長、或多短，都可以沒有遺憾。**

拉長生命的歷程來看，每一刻都是生死輪迴的一環。於是，我們還在一起的日子，都是在與你共度，最後的時光。

因為懂得珍惜彼此的相處到最後，也讓所有的時光成為記憶中的最好！

只要在每一刻都真心對待彼此，
無論相愛的時光多長、或多短，
都可以沒有遺憾。

照顧者的覺知

心甘情願的付出，讓情味多於疲憊

儘管每個家庭照顧的故事，各有不同的情節；但是照顧者的角色，可以概分為兩種，安於其中，以及埋怨萬分。這其中關鍵的界線是：心甘情願。至於該如何做到呢？唯一的解答就是：保持清明的覺知。而且隨時隨地再確認一次——成為照顧者，是自己主動的選擇。尤其是快要陷入負面情緒、或感覺孤單無援的時刻。

照顧者這個角色，是沒有人可以強迫，也不該是基於對父母的同情悲憫，或是在家人情緒勒索之下，不得不而為之。只要開始的時候，有一點點不甘願，接下來必定是悔恨交加的人生。你會因此而氣憤自己、也會憎惡他人。

反之，能夠承擔所有情緒壓力、經濟負擔、體力負荷的照顧者，都是因為內心很明白：**這是自己的選擇。**

即使命運使然，家中沒有其他親人願意或可以承擔，**只要你沒有逃之夭夭的本事，就讓自己發揮主動承擔的膽識吧！百分之百的臣服，是一種巨大的力量。**它幫助你看清事實，而且變得更有勇氣與智慧。

即便因此辭去工作、捨棄感情，也是深思熟慮之後的抉擇。而且無論工作好不好、感情牢不牢靠，必定是衡量過優先順序或重要性之後，主動做出的決定。儘管，這個決定的過程，可能有些痛苦掙扎，一旦做出取捨，就義無反顧。

人生的每一個決定，都是有捨有得。既然是自己做的決定，就要為這個決定負責。直到哪一天感覺真正後悔了，還是可以重新選擇，儘管可能要付出一些代價，但至少一切都還操之在我。

最不好的狀況，並不是做錯決定；而是不論做什麼決定，都要抱怨當下的現況。

最常見的是取捨之後，頻頻回首於捨棄的東西，而沒有珍惜手上的擁有。我認為這才是有些人既選擇成為（或認為是「淪為」）居家照顧者，卻又不斷抱怨失去工作、失去朋友、失去自我、失去人生……最大的痛苦癥結。

面對人口高齡化的時代，很多中年兒女、甚至更年輕的孩子，都有機會成為居家照顧者。但，也在許多悲情故事的身上，讀到瀰漫於不同家庭裡深深的哀傷。甚至因為照顧者的痛苦埋怨，而引發家庭內部關係的破裂，以及外界的不解與同情。

不時有媒體採訪、也有朋友問我：「為什麼常聽見照顧者傾訴悲情，你卻很少抱怨？」

我通常淡然地回答，不是用一時情緒反問：「抱怨，有用嗎？」而是理性地表達：「因為這是我的選擇。」

經過這麼多年居家照護的歷練，我知道：**抱怨，解決不了任何問題，甚至連對抒發負面情緒與解除壓力，都沒有任何幫助，只會讓自己的無助感愈陷愈深，甚至把貴人都嚇跑了。**

反之，如果可以認定這是自己主動的選擇，就會慢慢享受到這個決定背後的好處。

除了比較不會有罪惡感之外，也可以在忙碌照顧的時間夾縫中，因為孤獨而更接近真實的自己。

居家照顧母親超過二十多年，我彷彿過著與世隔絕的日子。除非是跟經濟收入有關的工作而必須參與的活動，幾乎沒有個人的交際應酬。但，我其實很安於這樣的生活模式，愈來愈覺得這種生活模式，很適合個性愈來愈孤僻的我。

遠離那些紅塵俗世的欲望與需求、人際關係的糾結與應對，其實讓我樂得一派輕鬆。婉謝社交活動，也不用刻意找理由。就算為了維持生計，偶被小人算計，我也能很快辨識出，它在我生命中極低的優先順序，片刻驚恐即不以為意……

我之所以安處於「居家照顧者」這個角色，隨著日深時久漸漸幾乎沒有任何辛酸怨言，而且還非常感謝。因為我深深知道：**在人生每一個階段，**

成為照顧者，是自己認真思考過後，主動的選擇。

由於母親的身體健康狀況歷經多次波折，兩度中風之後，幾年前又罹患重大癌症，每一次面對彼此人生變化的路口，我都有意識地繼續做了同樣的選擇。每次母親大病一場，從獨自照顧或聘請看護，以及採用什麼治療方法與照顧模式，都是認真考慮、嚴謹取捨之後的結果。或許，感性與理性未必兼顧，親情與經濟難以兩全，但在做決定的當下，就將它視為最適組合。雖不完美，但可接受。

幸而，截至目前為止，「找藉口逃走」從未出現在選項中。當願意承擔，是一個既定的方向；至於，能承擔到什麼地步，也就只能盡力而為。或許，做不到無愧於心；但至少，讓彼此的遺憾都少一些。

百分之百的臣服，是一種巨大的力量。
它幫助你看清事實，而且變得更有勇氣與智慧。

那些遺憾都與自己有關

停止無謂的喟嘆，並且付諸行動，便不再有錯過

錯過，在多情人的內心深處，往往是美麗的遺憾。尤其是多年以後，回想起當年未能如願的自己，無論是否依然傷感，總是用「美麗的遺憾」代替無法言喻的百感交集。

但殘酷的現實卻是：除了已經確實盡力而為，但因緣未具足的個案之外，大多數的錯過，都是因為努力不夠，而不是緣分淺薄。那些在歲月過往後，感到悵然若有所失的人們啊，最該有的感觸其實並不是遺憾，

而是慚愧。或許，當年只要再努力一下下、再堅持一點點、再主動一些些，結果就會不一樣。

事過境遷，如果還一直用「美麗的遺憾」來掩飾「該有的慚愧」，讓自己困在猶如夢幻的宿命中，就很可能失去了可以透過改變自己，而創造奇蹟的機會。

有個單身的輕熟女，眼看著即將要跨進三十五歲大關，返顧這十年來，有三次錯過的因緣，情況如出一轍。

這三個對象，都是先後出現在身邊，職場工作或社團活動剛認識的朋友，當彼此有一見鍾情那種來電的感受後，只要對方採取主動的攻勢，她就因為太過於害羞而退縮，連正眼都不敢看對方一眼。

每次見面時，都要花費很大一番努力去鎮定自己緊張的心情。幾次下來，讓追求她的男人，有了誤解：以為她根本沒有意思、或是她很難追，便失去了動力。他的如火熱情，卻被她的矜持澆熄。

倘若她沒有認清事實，改變習慣，之後遇見讓自己心動的對象時，就依然會有美麗的遺憾發生，到最後還可能以「命中注定要單身」結案。

感情的事，若自己都搞不定，外人就更是難以捉摸。如果用「美麗的遺憾」來掩飾「該有的慚愧」，放棄「必須的努力」，當事人並不覺得悲慘，接受所有錯過的結果，只要對自己後來的處境，全盤接納，並感到坦然，那也無可厚非。

比較可惜的是，終其一生，都不明白，真正錯過的，並不是一個緣分不具足的對象，而是一個可能透過努力而改變命運的自己。

其他像是日常生活、學習成長、或工作職場的面向，也有很多的錯過，不斷地發生。例如，因為區區0.5分，而錯過一所理想的學校；貪睡按掉鬧鐘，錯過了飛機或高鐵的班次；因為表現些微差距，錯過的海選入圍；因為想太多，遲遲不肯決定，而錯過在低檔買進一支股票的機會……

人生，有很多種錯過，都是一去不復返的。「現實中的你」和「理想中的你」，往往因為一次的錯過，而分開朝向不同的方向發展。只不過後來的你，僅僅能夠知道眼前的樣貌；而無法真正知道錯過那一次，原本理想中的那個選擇，後來會是如何？

所以，「美麗的遺憾」並非完全沒有正向價值，當事實已成定局、任何努力都於事無補以後，寧願你的心中有的是「美麗的遺憾」，而不是「無盡的悔恨」。

人生，有很多種錯過，
都是一去不復返的。

至少「美麗的遺憾」還能為你止痛療傷；若是「無盡的悔恨」，那就是不斷在傷口上灑鹽，對自己太苛刻了。

「如果人生可以重新選擇，你會怎麼做？」這永遠是一個假命題，因為人生根本不會再重來一次。

唯有停止遺憾，懂得慚愧，並付出行動，改變自己，期待面對下一次的人生情境，會做出沒有遺憾的選擇。

而比這個更遺憾的是，劉若英執導的電影《後來的我們》主題曲中的歌詞：「我最大的遺憾，是你的遺憾與我有關。」當人生走過懵懂歲月之後，發現自己當年的錯過，已經成為別人一輩子都無法抹滅的創傷，這遺憾要怎樣才彌補得完？

用餘生，懺悔自己，祝福對方。或許，這是答案。

活在當下，真正做自己

要先接納現實，夢想才具有意義

「做自己！」這是近三十年來流傳於社會主流的倡議。弔詭的是：既然已經匯聚成為集體共同的意識，為什麼大多數的人，依然身不由己？是因為真的要「做自己」很難嗎？或是大家都用錯方法？如果只聚焦於幻相中的自己，而沒有臣服於此刻正在經歷的各種課題，就真的很難真正做自己。

因為多年來照護母親的經驗，讓我有機會接觸很多不同科別的病患與照顧者，似乎每個人都因為受困於疾病，而有滿腹苦水。我在早些年就接觸靈性的學習，深知**唯有真正活在當下，也就是接納眼前所有遭遇的一切，才可以從困境中解脫。**

有高血壓的人，就要靠飲食、運動、吃藥三管齊下，只要把血壓控制好，其實就跟健康的人沒太大差別。如果不肯接受這個需要改變自己的事實，繼續執著於過去的習慣，想要大魚大肉不忌口，以為那樣任性而為才是真正做自己，身體健康只會每下愈況。

是的，接納現實，就是真正做自己。至少，它是一個最基本的出發點。假若不肯接納身處的現實，只是癡心妄想著一個完全不同狀況的自己，說穿了，只是逃避現實而已。

以上道理雖簡單，但我自己也有迷惘的片刻。而且，不是發生在成為照顧者的早期階段，反而是愈來愈成為資深的照顧者之後，才有的困惑。

當時母親被診斷出羅癌，並有遠端轉移，之後雖然經過中西醫治療而奇蹟式地痊癒，但接下來是永無止境的門診與追蹤，再度讓我陷入前所未有的心力交瘁。

每次母親要接受定期檢查、看追蹤報告前後，我總會連續幾天處於日夜心神不寧的狀態，還會在筆記本慎重地寫下，猶如許願般的代辦事項，只要這次檢查可以平安通過，我就要如何如何……

事後，我回頭看這些如何如何之後刪節號裡面的願望，真的小到微不足道，只不過是自己去看場電影、或是約好友吃頓飯，類似這樣犒賞自己的小確幸。

然而，歷經三年來多次緊張刺激的檢查與報告，母親狀況維持穩定，算是關關難過關關過，我那些如許願般的代辦事項，卻連一項也沒落實執行過。

接納現實，就是真正做自己。
為逃避困難或渴望解脫的「許願」，
只是與現實脫節的理想。

每次陪母親看完報告，走出醫院的診療室，母子倆互望一眼，各自大大地鬆了一口氣之後，我們隨即回到人生的每一個日常。

自己去看場電影、或是約好友吃頓飯，還有……其實都只是可有可無的想像。它們之所以會出現在我有條件（母親通過檢查）的代辦清單裡，只不過是我在逃避等待她檢查與報告的煎熬，而不是我一定非做不可的事情。那些為了逃避困難或渴望解脫而認真許下的願望，只是與現實脫節的理想。對於已經來到熟年的我而言，這是一次很有啟示的發現。

如果，總想著做另一個與現實脫節的自己，就無法真正地活在當下。因為，那只是幻相中的理想狀態，與真實經歷完全背道而馳。

想要認真活在當下，就該收受所有的焦慮，承認內心的軟弱，接納一切的不安！這，才是真正的做自己。而不是妄想著，如果事情發展的結果，可以如我所願，才要做這個、做那個。更何況荒謬的是，後來事情發展確實如我所願，我卻什麼也沒做。

原來，**真正的做自己，並不是一種目標、也不是一種追求，更不需要在「我」和「我們」之間做出任何的取捨，而是完全接納當下所有的各種狀態，包括你所認為的好與不好、自由與不自由。**

如實扮演好自己設定的角色，就是活在當下。而台語俗諺中的「喫碗內；看碗外」，就是未能活在當下的最佳註解。簡單講，安分、守己，就是活在當下，也就是真正在持續進行中地——做自己。

安分、守己，並不如你想像中的保守，而是把握當下的積極。因為，不肯面對此刻的現實，才是生命中最浪費青春的逃避。你必須學會，用現在的每一刻認真的自己，去堆疊並連結未來的軌跡。

大人的勇氣

是無畏，也是無所謂

年少的勇氣，常是一時衝動，有勇無謀；**大人的勇氣，除了要靠經驗與智慧，這時候還要有一種「無畏」的精神，也有可能是純然的「無謂」，當你對失敗或別人的眼光皆無所謂，就會發現自己變得很勇敢！**

勇氣，隨著人生階段不同，定義有別，褒貶不一。

年少時，因為閱歷不足，做事常只能憑藉一時衝動，若能幸運有所成就，即為年少得志的榜樣，如果不幸失敗，就淪為有勇無謀。但無論是成、是敗，青春是那個階段最寶貴的資產，隨時可以捲土重來。

轉成為大人以後，多了歷練與智慧，有過幾次成功經驗的人，往往朝兩個極端發展，不是愈來愈放手看開、能得能捨，就是愈來愈小心翼翼、害怕失敗。

還有許多一路跌跌撞撞，把自己搞得灰頭土臉的大人，在意志消沉之後，竟是愈來愈壓抑退縮，尤其是很多開始要步入中年的男子，常因為過度退縮，而使得神情與行為變得猥瑣。

明明只是自己的「退縮」，看在別人的眼底卻被解讀成「猥瑣」，中間這麼大的誤會，是怎麼造成的呢？

日前，我幫一位看起來很老實的大叔介紹工作，因為原先服務公司經營不善，未能抵擋大環境的劣勢而裁員，我請他去一家我認識的客戶面談。透過我居中聯繫，雙方其實已經有些基本的認識與理解，也願意給彼此機會，面談只是禮貌的形式，見面聊聊，若沒什麼大問題，就可以直接上班。

半年後，這位大叔和企業主，都因為適才適用而覺得慶幸。倒是人資主管，事後有個笑話對我說：「面談當天，他看起來有點猥瑣，要不是若權大哥極力推薦，我還差點不敢錄用他。」

經過我細問，才知道大叔當時非常緊張，但刻意偽裝成很淡定的樣子，又為了博取好感，故意強裝微笑，幾個題目答非所問，還不時露出「嘿嘿」的聲音……

類似的誤會，也常出現在情感關係中。我有一位好友，經營交友平台，近年來開拓第二春的市場，他跟我有同樣的發現與觀感。在「相親」過程中，如果熟年男士的行為，表現得過度「退縮」，神情看起來就會有點「猥瑣」，一付很想要採取行動，卻又好像在按捺衝動的樣子，很容易造成別人的誤會，實在是很吃虧。

而另一種行為不退縮、看似不猥瑣的熟男，若擺脫不了年少時血氣方剛的習性，看起來就是個全身充滿刺蝟的「老憤青」，也是會令人敬而遠之。年紀大了，還有勇無謀，很容易被解讀或質疑為：過去都白活了嗎？

反觀，熟女在這方面的表現，比較不容易產生誤會。大部分熟女意識到自己不再青春以後，都有一種不拘小節的無所謂，甚至有一股「老娘跟你拚了！」的鬥志，簡直天下無敵。

或者，就持續既往的優雅，即使是喬裝久了，也就跟真的一樣。只要說服得了自己，當然就輕易可以瞞得過別人。

而大人真正的勇氣，所該憑藉的，若只是過往累積的能力與智慧、經驗與世故，很容易讓自己在不知不覺中，變得油腔滑調。

反倒是在熟齡之後，眼看著很快就要進入人生下半場，一切都開始倒數，而從內心油然升起「既然所剩無幾，我也沒什麼好怕失去的」這種感悟，對於自己人生往後所想要的、所能夠追求的夢想，不再投鼠忌器。這，才是最踏實的勇氣。

無論是在中年之後，主動轉換職場跑道、有計畫地創業，或是學習年少時有興趣，卻一直沒時間、沒資金投入的技藝，終於培養出自己引以為傲的第二專長，這些都是大人以自己真正勇氣，所換得人生下半場的精彩與美麗。

//

要有一種「無畏」的精神，
也有可能是純然的「無謂」，
當你對失敗或別人的眼光皆無所謂，
就會發現自己變得很勇敢！

真正的自信是減法

無論是獨處或共處，要擁有完全接納現狀的能力

自信，是一種寶貴的特質。通常，我們很容易會把「自信」和「自卑」視為相對的兩個極端。但是，事實卻不是這樣。外表看起來自信的人，內心未必沒有自卑的一面；而一直感到自卑的人，其實也有可能會是足夠自信的喔。

的確，我們常聽身邊不夠自信的人說：「我因為〇〇而感到十分自卑。」其中的「〇〇」可以用很多形容詞替代，例如：「太矮」「太醜」「太胖」

「太笨」「太差」「太窮」……所有達不到世俗標準的本質，都會讓自己自慚形穢。

那是因為年少時候的「自信」，是被加法累積出來的。美麗的外貌、高分的成績、勝利的獎盃、極佳的人緣、浪漫的戀情、亮眼的財力……凡是足以得到別人肯定的殊榮，彷彿都成就了年少的自信。

等到我們經歷足夠豐富的人生，才漸漸體會到：美麗的外貌容易如花凋零、高分的成績未必等於可以貢獻的能力、勝利的獎盃已經鋪滿灰塵、極佳的人緣讓自己淪為討好而委屈、浪漫的戀情不敵生活的實際、亮眼的財力換不到健康的身體……

當那些靠外在表現加分，而得到的自信，並不能夠在時光的旅程中，持續支持自己向內學習時，它們就開始逐漸在歲月中崩解，並減淡年少時透過加分累積而來的光彩。這時候原本自信的人，不是變得更武裝、更強悍、更誇張，就是突然像「消風（意謂：洩氣）」的氣球，軟塌皺陷，不再風光。

反而是那些一直覺得自己不特別怎麼樣的人，有可能一步一腳印在日常平實的過程中，接納了不夠完美的自己，也隨順了不夠亮眼的際遇。**人近中年之後，有了一種釋懷的自在，不再積極與他人強行競爭、也不再像從前那般老愛嫌棄自己，姿態始終柔軟，神情維持雅適，呈現出另一種大人的自信，讓別人覺得舒服，自己也覺得好相處——無論是獨處或共處。**

年少的自信是加法；大人的自信是減法！

活到成熟的年紀，就會知道：真正的自信，並非多麼優秀、傑出、富有，而是完全接納現狀的能力。

所謂的「泰然自若」，看似簡簡單單，卻是從「加法」過渡到「減法」的人生哲學。從此，不再追求世俗標準的完美，而是接納眼前遭遇的完整。

我們終於學會：若真的想要與世界和解，就不要繼續和自己為敵。

幾天前，在百忙中，接受老友相約，喝一杯咖啡。他年輕時都是念資優班，一路讀到碩士，進入金融圈，業餘仍醉心與音樂與藝術，並且崇尚名牌。他說：「立志不讓銅臭味，汙染個人品味。」閒談之中，我竭盡所能地傾聽，彷彿激勵對方的滔滔不絕。過去所有的年少有成，都變成他此刻的憤世嫉俗。

我愈聽愈心疼的是，一直到離開咖啡館之前，我都沒有不耐煩、或任何嫌惡鄙視，我很珍惜他依然把我當老友，依然用他向來追求富貴的眼光，勸導人生價值觀已如浮雲的我。只是目送他駕駛高級房車離開的身影，看到繁華深處的寂寞。

反觀，我的另一個朋友。大半生都從事雖不完全喜歡，但至少讓自己衣食無缺的工作；常和女兒鬥嘴，卻總要依約周末在家吃晚餐；掛在嘴邊說自己肚腩好大，只是抽不出時間去健身房運動……用了幾十年時間，努力去改變自己所能改變的，接納自己改變不了的，然後，在來來回回的矛盾與掙扎中，安身立命。

最近，他答應女兒，慶祝她高中畢業，父女要一起環島，事先約了住外縣市的前妻，在旅途中的一站共進晚餐。為了這趟旅行，他省了半年的星巴克、賣掉一台單眼骨董相機。還自我解嘲說：「你看，我是不是很會斷捨離。」

在眼前這位大叔眼角的笑意裡，我看到令人感覺很舒服的自在。**這，是一種大人自信。它不是靠外在贏取的成就培養出來，而是從內在無數次割捨的鍛鍊中所獲得。**

大人的自信，讓別人覺得舒服，自己也覺得好相處——無論是獨處或共處。

把時間花在值得的地方

懂得取捨，才有平衡

你說的美食，我沒吃過。你到的景點，我沒去過。是的。這將近四分之一世紀的時間，我都忙碌於家庭與工作，幾乎沒有個人休閒生活。

接下來的對話，通常就是你無盡的同情：「你好辛苦！」以及我無限的感激：「謝謝你的理解。」然後，我們的人生就像沒有交集的平行線，各自展開奔向不同人生的兩頭。

直到有一天，你可能也碰到家庭成員生老病死的課題，在痛苦與煎熬中，面臨很多大大小小的抉擇。而每一個決定，總會牽涉到「自己」和「別人」之間顧此就失彼的難題。

這時候，你可能浮現以下這個問題：「我究竟怎麼做，才能有平衡的生活？」

不瞞你說，過去這幾年來，無論是演講或授課的場合，很多人問過我同樣的問題。很感謝這類的提問，讓我有機會回頭深深叩問內在的自己：「你是怎麼想的？你才能這樣度過！」

老實說，我從來沒有覺得自己真正辛苦過。即使在很多非常艱難的階段，我甚至每天睡不到五小時，所有繁雜事務都如行雲流水般，一個片刻接著另一個片刻。

其中很重要的關鍵是：我對一切付出，都心甘情願，而且感恩惜福，深怕自己錯過任何一個可以好好做點什麼的機會。

另一個值得深深感謝自己的是——

我從未覺得人生需要世俗所見那樣5：5的平衡，甚至覺得這種齊頭式的平衡，根本不可能也不應該存在。我認為真正的實情是：人生，因為階段不同，要把心力放在不同的目標上。

如果是正值為大考準備衝刺的學生，把九分或全部的氣力用在準備考試上，這是很正常的比重。又如：必須負責家計的女主人，花在工作上的時間，比放在家裡的心力多，也不用苛責自己。

因為真正的平衡，不是5：5；而是你自己內心很清楚地知道：此刻，什麼是你最重要的追求？然後你可以自主選擇9：1、或8：2、或7：3、或6：4，去安排自己的時間與心力。

最重要的是，既然這是自己深思熟慮後的選擇，就不必在意別人的評論。**你需要的，是一個支點，也就是能支持這個價值系統的信念。這個信念，是你自己深信不疑的選擇。不但別人無法隨意動搖，你更要無條件地支持自己。**

想像一下，你常常之所以顧此失彼的兩個面向，「休閒」與「工作」、「美食」與「身材」、「價格」與「品質」，猶如蹺蹺板的兩端，如果它們的重量本來就可以不同，你所需要設定的是支點的位置，而不是讓它們等距地位處於各 5：5 的位置上。

人生，是一個動態平衡的過程。有人半生都忙碌於工作，到退休後才開始遊山玩水。也有人錯過吃喝玩樂，到最後一天還在為別人貢獻心力。

說真的，**我們都很難評論別人的人生，值不值得？每個人個性不同、價值觀不同，命運也就不同。活著的時候，究竟怎樣抉擇？唯有自己最清楚。只要是心甘情願的選擇，把時間與心力，花在自己看重的地方，一切都值得。**

你說的美食；我從前沒吃過。你到的景點；我之前沒去過。過去，我確實都忙碌於家庭與工作，幾乎沒有個人休閒生活。但我在艱難中嚐遍的人生滋味，在困頓中看盡了世間風景，也會讓我覺得自己沒有白活。

也許，將來會有一天，當人生的優先順序有所調整，我會去吃你說過的美食，去看你到過的景點。然後，衷心地感謝你，在我尚未出發之前，就如同嚮導般帶著我心領神會生活另一個面向的美好，我也會和你分享這一路走來，所有的體驗與感受。

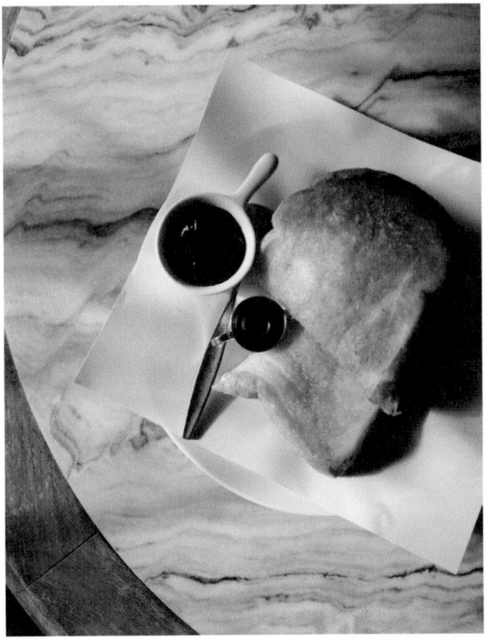

這個信念，是你自己深信不疑的選擇。
不但別人無法隨意動搖，
你更要無條件地支持自己。

積極地歸咎自己

擺脫受害者心態，掌握人生的主控權

很多具備「討好型」人格的朋友，都很習慣自我究責。只要在人際關係裡發生衝突，第一時間便搶先在別人面前認錯，或在內心深深地責怪自己，但看起來這麼有美德的行為，並沒有換來對方的尊重，事後自己也深感委屈，根本於事無補。

因為這種模式的自我究責，只是以換取一時的人際關係和諧為目標，但最後必定事與願違。有時候是被對方吃定，有時候是對方根本不領情。

充其量，這只是消極地怪罪自己而已。

身為一個成熟的大人，真正有意義的自我究責，不只是態度上的積極，還要有行動上的方法。內心所願意承擔的，不是過去已經發生的錯誤，而是現在就可以讓事情有所改變的責任！

這樣做，可以擺脫受害者的心態，讓自己掌握人生的主控權。不但是對自己的友善，也是對別人的仁慈。

朋友返回鄉下老家後北上，傍晚特別送來一包鮮採的龍眼，一看就知道甘甜多汁。因為母親近日要做癌症治療後的定期追蹤檢查，必須更謹慎控制血糖，所以我特別交代看護小姐，晚餐後不能拿龍眼出來給「阿嬤」吃。隨即，她們倆看電視，我進房間讀書、寫作。

翌日清晨，媽媽測空腹血糖，數字超標。我不用多想，也知道她可能一時嘴饞，夜間吃了幾顆龍眼。

若按之前的脾氣，我肯定是會先質問看護小姐，再對我媽「曉以大義」，接下來一定會爆發爭吵。媽媽的個性非常好強，被如此殘酷抓包後，必然激動生氣埋怨她為了控制血糖，犧牲多少美食，連吃幾顆龍眼的權利都被我剝奪……原本一樁出自孝心的好意，就會以母子翻臉收場。

我漸漸知道，自己可以勝任居家照顧者的角色，不只是技能上的精進，而是心態的成熟。類似這樣的局面，我很知道如何控制。若要自我究責，絕不能走消極路線，意氣用事，然後弄到彼此了無生趣。

這麼多年來，我已學會積極地歸咎自己。就是反省檢討後，找出自己可以控制的變因，然後擬訂改善的行動方案，下次就不會重蹈覆轍。

例如：傍晚不該製造誘惑，當著母親面前把龍眼拿回家。這對糖尿病的患者，真的是很嚴格的考驗。若事情可以重來一遍，我最好的做法是：事先分贈給好友、鄰居，或悄悄置入冰箱，隔天再說。就可以避免晚餐飯後吃龍眼，隔天血糖飆高的問題發生。

現在的我，也不會很矯情地跟老媽道歉，說我害她血糖飆高。其實是非曲直，她心裡有數。**積極地歸咎自己，目的也不是逼誰認錯，而是下次不要再犯就好。**

若要自我究責，絕不能走消極路線，意氣用事，然後弄到彼此了無生趣。

喜歡做出選擇後的那個自己

最該斷捨離的，不是物件，而是執念

一位原本在北京工作的朋友，人生半百之際，遇到疫情影響事業，便決定離開職場。回到台灣後，突然想要暫時拋妻棄子，獨自展開西班牙朝聖之旅。闊別數月後，和幾位老友重逢，每個人都在檢視他這趟旅行前後的改變。

大家倒也不是要像減肥照片那樣，刻意比較他的「before」&「after」，而是在紅塵打滾多年的他，一直用令人不可置信的神情與語調，說自己努力通往內在心靈的修行走去。所以我們都想看看，平日非常講究精品時尚的型男，在旅途中如何克難地打理服裝儀容，以及旅程結束回到日常之後，又是怎樣呈現反璞歸真的自己。

聚會中，看著他朝聖之旅的照片。只有前面幾天偶有閃失，或其實也很刻意，留下幾張沒刮鬍渣，狀似流浪漢的照片。沒有多久，就很快恢復光鮮亮麗的樣貌。

我猜是他無法適應自己過於不修邊幅，或是漸漸習慣徒步旅行的節奏，難以在短時間之內完全擺脫過去的習氣，不自覺地流露自己真正想要的風格。

席間有一位朋友問：「一直說要斷捨離，你回來後丟了多少衣服？」大家都知道，他家的更衣間，無論空間或品項，都可以媲美女藝人等級。

他回答時的表情很複雜，既有一點「以自己為榮」的驕傲，也有一些「說出來可能會被取笑」的尷尬，說他旅途結束回來後，終於丟了「一箱」的衣服。

言語犀利的老友，當然不會放過他，繼續調侃說：「你的一箱是多大，至少要像一個貨櫃那麼大吧！」引來哄堂大笑，他只好無奈地翻了白眼，抗議眾人對他不夠理解的訕笑。

大概因為都是多年老友，就算聽起來再辛辣的毒舌質疑，或是百般無辜的辯解，都知道是彼此的玩笑話，而不失溫暖善意。

其實我很懂得人到中年之後，對於「斷捨離」的艱難。人生旅途，走得夠久、活得夠深，就可能累積更多的回憶與家當。表面上我們捨不得丟的是物件，但真正難以割捨的是情感。

不久之前，整理家裡從客廳、書房、到臥房的八面書架，痛心疾首般，選出至少十箱的書籍轉贈出去。原本從一排變兩排，層層疊疊的書架，頓時恢復稍微清爽的視覺，讓自己在心痛之餘，感到安慰。

幾天後，收到 IKEA 寄來新年度的型錄。頃刻之間，湧上很複雜的情緒。因為，我在整理書架的同時，把連續珍藏十幾年的 IKEA 歷年型錄給斷捨離了。

那些扉頁之間，曾收藏著我從青年到壯年時期，對一個居家生活空間的浪漫想像，經歷幾次搬家遷移，都還是完整陳列在書架上，卻因為一次斷捨離的念頭，被我拿去做資源回收。突然明白，我當時決定丟棄的，不只是十幾本的居家型錄，而是許多已經實現和未能追求到的夢想。

轉換於不同的時空，即使同一組餐桌椅、同一套沙發都還在，卻經歷至親的遠離、感情的幻滅。留下物是人非的感慨，絕不是丟棄多少東西，還回多少空間，就可以讓人生變得更加自在。

原來，我們真正要斷捨離的，不只是那些用不到的物件、留不住的情感，而是自己內心深處因為過度依戀而產生的執念。如果丟掉了物品，卻放不下執念，所有的斷捨離都未竟其功，只是徒具形式而已。

真正的斷捨離，看似藉由淨化空間而豐盛心靈，但最大的收穫並非丟棄物件的勇氣，而真實面對如何做出選擇的自己。

能割捨心愛的物件，真的很不容易。做出決定後，不再牽掛，則更難得。每一次的斷捨離，都是自我價值的考驗，在選擇留下什麼、捨棄什麼之間，會愈來愈清楚，自己究竟是誰？真正在意的是什麼？這可能是我們窮盡此生，必須去弄清楚、搞明白的答案，在一次又一次的斷捨離當中，漸漸浮現出來。

儘管大家都會說「生不帶來；死不帶去」，問題的重點是：還活著時候，我們追求過什麼、擁有過哪些？最後又是主動、或被動地捨棄？而真能無怨無悔的，是自己最終也能輕輕抹去，所有深深愛過的痕跡。

我們真正要斷捨離的，
不只是那些用不到的物件、留不住的情感，
而是自己內心深處因為過度依戀而產生的執念。

練習好好說再見

有時候悄悄地離開，是難以跟你告別

關於離別，我最習慣採取的方式是「不告而別」。

年少時，讀到徐志摩的〈再別康橋〉：「悄悄的我走了，正如我悄悄的來；我揮一揮衣袖，不帶走一片雲彩。」直覺認定了這是世間上最美的告別。

後來漸漸長大，在自己真正的人生中，經驗過幾次「不告而別」，發現這是最容易被對方譴責、也是對方最難以原諒的告別，理由都是：你不負責任！

其他跟「不告而別」很近似的，例如：「簡訊告別」「電話告別」……也都會在「最不負責任的告別方式排行榜」中，被名列前矛。

原來，大家對於「好聚好散」，有很深的期待。

尤其在感情世界中，有計畫的、妥善安排的、把理由當面說清楚的告別，似乎是基本要求。否則，被動必須接受分手結局的這一方，會覺得很不值。他們心中共同的委屈是——難道我在這一段關係中所付出的心血和時間，配不上你來好好跟我說一聲再見？從表面上聽起來，言之成理啊！

但有時候，這種需要好好說再見的索求裡，所真正期待的，絕對不只是道別而已，還需要一個理由、或是一個道歉，甚至是再多理由、再多道歉，都無法善罷甘休。

或許正因為告別的任務是這樣的艱鉅，才會讓想要離開的人感到如此為難。這未必牽涉到不負責任，而是有時候把必須分開的理由說得太實在，對彼此而言，都會是傷害，也幻滅了之前曾經有過的浪漫。

從前的我，真的是一個很不擅於告別的人。直白地說吧，我很害怕面對分離的場面。

學齡前，我搬過幾次家。即使不記得過程的全貌，對於離開一個熟悉地方的傷感，卻是記憶裡一枚永不退色的刺青。

五歲舉家遷居，從台北市區搬到台中山上。原本以為生活可以從此穩定下來，沒想到短短不滿兩年，卻又是另一種顛沛流離的開始。因為兩位姊姊升學的原因，爸媽又開始於台中、台北兩地奔波。

每一次站在台北車站的月台邊，火車緩緩進站的時刻，小小年紀的我，敏感地覺察到陣陣心酸。再多「不久之後就會重聚」的憧憬，也無法沖淡「此刻明明就要分開」的感傷。因為必須表現懂事，而不哭不鬧。所有未能表達的離愁與沒有流出的淚水，都隨著一片一片車窗外的風景，紛飛於不堪回首的歲月。

直到小學畢業前夕，又要從台中再度遷居回台北，當大卡車滿載家具，引擎啟動的那一刻，跟大人擠在司機旁邊副駕駛座的我，居高臨下看著所有前來歡送的同學，明明是充滿離別哀戚的場面，我卻留給大家一個面無表情的揮手姿勢。

十一歲的這一幕，深深烙印在我的腦海，以致於複製在往後人生的每一次離別。冷漠，是我掩蓋難過，最好的方式。

我只想不動聲色地悄悄離開，連揮一揮衣袖都是多餘，更不必驚動雲彩。

//

生命裡的很多課題，是任憑逃到天涯海角，
都會把自己逼回內心深處，好好面對處理的。

高中、大學之後，無論是參加聯誼的聚會、或是處理青春的戀曲，還不到曲終人散的最後時刻，我總會一個人悄悄獨自不告而別。

是的，他們應該都認定我是「怪咖」。但是，沒有人知道：我是因為不擅長離別，才選擇人間蒸發。

我不喜歡曲終人散的場面，所以寧願提前不告而別。請不要追究原因，因為很可能連我自己都無法細說分明。

很多時候，並非討厭到無法忍受的程度，才選擇用這樣的方式離開，有可能是另一種極端，或許是真正的實情——原來，是我永遠不想告別。

這個習慣「不告而別」的症狀，一直沒有能夠痊癒。即使已經足夠社會化的我，還是很不擅長告別。

逃避面對離別最好的方式，就是不要參加聚會、不要開始一段關係。

但生命裡的很多課題，是任憑逃到天涯海角，都會把自己逼回內心深處，好好面對處理的。

誠如人生的每一段關係、每一次相聚，都會有告別的時刻。我知道，我是因為不想要有任何遺憾，才會這麼努力珍惜相聚，並學習好好說再見；我也知道，無論怎麼努力珍惜相聚，如何重視好好說再見，當有一天不能再見時，還是難免會有遺憾。而所有的努力，只是讓相聚的時光多一點把握，離開的時候少一點遺憾。

二十幾年前某個清晨，我媽在傳統市場暈倒，因腦幹出血中風而失去行動能力。我每每想到她那天好手好腳走出門，就再也不能靠自己穩穩健健地走回家，就對人生的無常，有著無比的敬意。也因此而開始學習，恭謹地面對日常的每一次離別。

即使只是外出工作，在正準備要離家的時候，都會鉅細靡遺交代看護小姐注意事項，然後好好地跟母親說再見。

如果，真正走到了好好說過再見，就再也不見的時刻，無論生離、或是死別，就放手祝福彼此吧。

告別，真的很難。但因為我們努力過，練習好好說再見，讓告別後的人生，變得比較簡單。

不告而別，是因為不知道如何面對離別。

輯 二

那些長大後的面對

善良，不是優點！

禮讓，都應該來自本能的當仁不讓，義無反顧的成全

從一位至交好友口中，間接聽見另一個剛認識未滿一年的朋友，曾經明白地對他說：「我就是看他很善良，一定會幫忙，所以想好好利用他！」而知道這個不知不覺被利用了好久的對象，竟然就是我本人時，打從內心升起的直覺反應，不是氣憤或恐懼，而是三份的感謝。

請容我先聲明，這絕對不是一篇心靈雞湯的文章，而是我已經處在這麼成熟的年歲，很難得擁有的一份殘酷領悟。

我之所以沒有感到氣憤或恐懼，是因為在被對方「好好利用」的這段期間，對他所有付出，都是出自於真心誠意，沒有絲毫的勉強，更沒有得失的算計。我既沒有刻意要討好他，也沒有奢望他可以回報任何好處。所以，無論他基於怎樣的貪念、或對我有怎樣的評價，都沒有影響我對於自己過去的付出，也不足以有什麼遺憾或後悔。

值得感謝的，有三個重點。一是這位至交好友忍了一段時間，終於還是告訴我實情，讓我自己評估，要不要繼續被對方利用；二是對方在利用我的同時，發現了我的善良；三是我之前對他的付出，確實有幫上忙。

至於感謝之後，還要不要繼續被對方利用呢？這可得好好想一想了。

在現實功利掛帥的現今社會，「人善被人欺；馬善被人騎」這句從古至今仍在流傳的勸世警語，似乎依然有它的道理。甚至，需要用它來提防別人的力道，還更變本加厲了呢！

但相對於網路上流傳甚廣的這一句話：「聰明是一種天賦，而善良是一種選擇。天賦得來很容易，而選擇則頗為不易。」來自亞馬遜（Amazon）創辦人傑夫．貝佐斯（Jeff Bezos）的名言，我們又該如何自處呢？

這可能要看每個人對「善良」的定義是什麼而定。就像韓國電影《寄生上流》（Parasite）的對白：「有錢的話，我也會很善良。」

如果把「願意對別人付出而不求回報」，當作是一種善良；而且，是在對自己的資源或能力有足夠的自信，充裕到不會因為對別人付出，而自己有所減損的程度，因此願意選擇做一個善良的人。這種善良，是有條件的。

另一種善良，叫做「吃虧，就是佔便宜！」表面上是無私的，也不求當事人立即回報；但是，骨子裡還是安慰自己：善良，是會有好報的。

寧願對方想利用的是我的能力，
而不是我的善良。

這些善良，跟我從小到大的理解與學習，都有一些差距。**我所以為的善良，是一種個性，無須透過理智去做出選擇。所有看起來有點世故的禮讓，其實都應該來自本能的當仁不讓，也就是義無反顧的成全。**

因此，如果已經意識到自己正在選擇善良，就已經不是真正的善良。那些刻意為了討好對方而為之的付出，就離善良更遠了。

當我已經意識到對方，是存心想要利用我，這時候還會不會繼續被對方利用呢？

我的答案是：**我寧願對方想利用的是我的能力，而不是我的善良。能力，可以被利用；但是，善良就不許被利用。**

善良，從來就不是一個優點；所以，也不該被利用。

會被無條件、或無止境利用的善良，到最後的結果都會淪為濫用。對方不只不尊重你這個人，也不會珍惜你給他的資源。

當你覺得，對方從頭到尾，都在利用你的善良，只會愈想愈不甘心！這是一個很大的危機。有可能是因為你並沒有真正足夠的能力，當發現對方只是純粹利用時，便會讓你感到恐懼。

如果對方是看中你的善良，才想利用你；你很快就會被對方利用完畢，眼睜睜看他得意洋洋，而且不懷好意地離去。

相對地，若你除了善良的本性之外，還擁有足夠自信的能力，就不會被對方視如敝屣，也不會在付出的時候，覺得委屈。

因為對方是看重你的能力，才想利用你；你會讓他懂得如何尊重你，即使他未必以對價關係交換你的付出，你無條件地協助對方，彼此之間會因為相互尊重，讓這次的利用變得正向肯定，而且充滿善意。

「勝任」是個危機！

保持謙卑、重新學習，才有可能化危機為轉機

是否勝任？這一直是人生中的大問題！但是，常常被忽略，甚至被扭曲。很多錯誤的決定、或是後悔的遺憾，都是因為不夠了解「勝任」的意義而引起的。

我們很少時候會處於真正「勝任」的狀態；在大部分的時間裡，不是不夠勝任，就是過度勝任，問題也不是出在勝任與否，而是自己本身對「勝任」的狀態，能否有所覺察，並隨之做出該有的調整。

很多人在轉換職業時，都會擔心自己是否可以勝任新工作？這是一個很大的議題，因為是否「勝任」的面向很多元，不只是專業的技術能力，能不能趕上工作的進度與品質，還要包含這個職務會牽涉到人際的溝通、以及心理的適應等。

謀職面談時，主雇雙方能夠透過問答或測驗得知的內容，其實對於彼此是否適合的理解非常有限，而且都只能憑過去的經驗合理推測與想像，一切都要等進入真正工作狀態，彼此磨合之後，才能確認是否勝任。

一旦有機會進入渴望的工作職務，能夠勝任愉快往往成為一個工作上的最高目標，或是一個最低門檻，但無論你把勝任當作是哪一種標準，恐怕都會是事與願違的期待。

以下是一個很殘酷的事實，而且通常都會被忽略：**我們真正有心要追求的目標，都是不勝任的。邏輯很簡單，若是完全勝任，就不用追求了啊！**

特地在此破解迷思，是為了呈現這個真相：

愈有挑戰性的目標，都是愈不容易勝任的，我們真正要追求或在意的，並不是「勝任」這件事，而是如何發現自己不夠勝任的地方，並且付諸實際的努力行動，去克服「不勝任」，並且在這個過程中，發現自己的勇氣與努力。

當我們費盡一切心血達到了「勝任」的狀態，通常不會在這裡維持太久。隨著自己能力與工作的要求，兩者不斷地變化，很快就會讓自己繼續往「不勝任」或「過度勝任」兩個不同的方向傾斜，這是每個人必須要有的認知。

商業管理名著《彼得原理》提到：每個人最終都會被晉升到「不勝任」

的職務裡。舉例來說，業績冠軍的基層銷售員，若很快被晉升到「銷售經理」，便容易敗在人事與行政等內部經驗不足，因為他只是很會賣產品，不見得會帶領人。

我很常在授課時，把這些商管原理套用在日常人生中，讓學員能更加清楚明瞭其中的意義。一對熱戀男女閃婚後，未必能勝任夫妻的角色。這情境也可以用來解釋《彼得原理》的不勝任狀態。

無論是工作或感情，若達到自己感覺「勝任愉快」的程度時，就一定要覺察到這將會是一個警訊，來自以下三個可能：一、自我感覺良好；二、壓縮進步空間；三、別人未必認同。

因此，終極的解決之道是：不要把「勝任」當成某一個階段、或某一個職務的目標。勝任，只能是一種動態的努力，而不可以是一個靜態的目標。

我們真正要追求或在意的，
並不是「勝任」這件事，
而是如何發現自己不夠勝任的地方，
並且付諸實際的努力行動。

即使在能力上已經「過度勝任」，也要轉向內在心靈的成長，謙卑地懺悔，真心地承認，自己在浩瀚的宇宙中，還是有些力有未逮的努力空間，才不會在碰觸到世俗發展的天花板時，因為驕傲自大而使靈性成長受阻。

覺察自己的不勝任，是一種勉勵、也是一種祝福。但不要只是停留在哀怨中，也不要一味地埋頭苦幹，應該問問一起共事的主管、或你的生活伴侶，你該如何改進、朝哪個方向努力，如果可能的話，不妨替自己設定可以客觀評估的標準，讓追求勝任的努力，可以被具體評估與討論，而不是一種自暴自棄的負面感受而已。

接著，你就可以在感覺「不勝任」中繼續追求進步，無論身處人生或職涯的哪個階段，都能得到更理想的自己。

放下，沒有想像中容易

當我們不再抗拒，臣服因果，所有的委屈都不需要平反

婦人為自己張羅的七十大壽，宴會正要開始，卻在此刻接到離家數十年的丈夫死訊。強忍悲痛撐完宴席，在餐廳門外等著她的，不只是治喪事宜，還有小三看似溫柔卻很有架式的逆襲、以及和丈夫糾扯半生的恩怨。

這是台灣電影《孤味》的劇情。資深演員陳淑芳飾演女主角林秀英，榮獲第五十七屆金馬獎最佳女主角獎。無論是在電影劇情、或真實人生，都算是苦盡甘來。

由林秀英這位阿嬤，所示範的放下恩怨、與自我和解，讓所有觀眾淚崩動容。同時也勾起每個人埋藏在生命某個角落中的糾結，然後問自己：

「為什麼我到現在，還是遲遲不肯放下？」

為什麼還是不肯放下？這個問句，其實也是電影中的女兒們對母親的疑問與期待。但，放下，談何容易呢？

如果你還年輕，所有關於放下的課題，或許都還可以自我安慰地說：「來日方長！」倘若，你已經為某個人、或某件事，糾結了大半輩子，就會知道要放下是多麼不容易，但對你來說，放下又會是一句聽來帶著嘲諷意味的勉勵。

「你，要放下啊！」放下，幾乎可以羅列為台灣社會中，勸世警句前十名的日常用語。可惜，誠如《孤味》導演許承傑所說：「沒有一個人，可以真的教另一個人，怎麼放下！」

電影中的林秀英阿嬤，之所以能夠在丈夫出殯前，放下這半生的怨恨，很關鍵的原因之一是她從小三蔡小姐口中，知道丈夫離家後對她心懷愧疚。這讓她想起當年丈夫逃走，也有很多不得已的原因，而自己多少也有一點責任，因此可以對往事感到釋懷。

換句話說，她終於討回公道了。

對於覺得自己受盡委屈的人說，公道絕非自在人心啊，而是你要親自還我公道，我才甘心！

死去的丈夫，自然是無法言語了，透過介入婚姻第三者來說，聽來既安慰也爽快啊。

而對一般受盡委屈，但始終沒有機會討回公道的大多數人來說，放下是何其困難的事？

當我們被辜負了半輩子，但對方一點歉意都沒有，要原諒他真的太艱難了，勢必是無法放下的。

直到有一天，我們知道再也無法討回公道，若再糾結下去，徒然無功，眼看人生即將走到盡頭，於是在適當機緣下，有可能開啟慧根，才終於懂得要原諒自己。這時候，放下變得比較容易。與自己和解，也變得更有意義。

《孤味》電影中秀英阿嬤，在丈夫出殯前，簽妥離婚證明書，交代孫女拿去給女兒，跟著部分遺物火化。她搭上計程車，獨自唱著卡拉ＯＫ。把靈堂這些儀式，拱手讓給被她自己親手扶正的小三。看似大器的作風裡，多少有一些未能言說分明的看破。

人都死了，你還能把他怎樣啊？

與其說是無可奈何，寧可看作是一種對往事不再計較的無欲則剛，猶如瀟灑地揮揮衣袖，雖是默默離開，卻猶如放出豪語：「你那麼在意，就給你啊！老娘不要了，總可以吧！」

然而，在計程車上的她，並非獨自唱歌。車上除司機，還有丈夫曾經留給她的滿滿回憶。

但電影終究是電影，回到現實的人生，如果你始終沒有討回公道，那個辜負你的人還在逍遙，你又何必勉強自己放下呢？**心中有恨，是自然的；不肯原諒，是正常的。你完全不需要故作大方，也無須為此而否定自己。**

有一本暢銷書的書封文案寫著：真正的放下，是不介意再提起！但對於很多無法、也無須再提起的人與事而言，真正的放下，會是什麼呢？刪除「再提起」這三個字之後，是不是只剩下「不介意」？

而現實生活中，究竟要怎樣才能做到「不介意」？在我個人的靈性學習中，至少在這個階段，我覺得，**真正的放下是：全然地接納，已經發生過的事情**。

即使那些事情，完全未如己意。當我們不再否認、抗拒，願意臣服於因果，所有的委屈，都不需要平反。我們不需要對方的道歉，不需要向他討回公道，不需要得到他的補償。無論我們是否應該對已經發生過的那件事情負責，但至少一定要對當下的自己負責。

勇於擺脫受害者的角色，就會恍然明白：**唯有放下，才是真正的解脫。必須放手，才能重獲自由。**

直到有一天，我們知道再也無法討回公道，才終於懂得要原諒自己。

委屈自己反而踐踏關係

主動營造互相尊重的溝通環境，彼此才能自在相處

朋友在網路上買一個小人兒形狀的蠟燭，還配備完整的道具。他刻意慎重拆開包裝，打算讓我好好見識一番。裡面有蠟燭、燭台、很多大頭針，以及使用說明書。原來，這是懲治小人專用的。正式的品名與用途，還寫得落落長呢！

「替自己出口氣！○○○獨門懲罰小人法事用途，凡遭陷害、出賣、霸凌、找碴、捅刀、扯後腿，可報復渣男、渣女，擺脫爛人，讓對方倒楣，

去除各種不順運勢……」

會令我瞠目結舌的，不只是電商平台上應有盡有的商業服務，還有更多的是驚訝，是來自我對這位朋友的心疼：為人誠懇善良的他，究竟是遭遇多少不平的對待，完全無力為自己平反，才需要花費至少新台幣六千元起跳的價格，購買這些號稱可以ＤＩＹ作法事的道具，替自己消災解厄？

在我從事諮詢工作的過程，也常聽個案訴說自己的委屈。有的是好端端地無故被情人背叛；有的是在辦公室遭主管惡整；有的是在團隊裡碰到一群豬隊友；有的連待在家裡都被當出氣筒……而我歸納出最普遍的共同現象就是：無怨無悔替對方付出很多，卻沒有得到應有的尊重。論功行賞的時候，絕對沒他的份；究責怪罪，要揹黑鍋時他都優先。

是和對方的孽緣、還是自己本來的命運？這是當事人，最常有的疑惑。

但是，如果你循著線索繼續發展下去，很可能會有更深的感觸，這些當事人所碰到的爛人，很少只有一個。不是在某個領域，先後頻繁出現；就是在不同領域，萬箭齊發！所以，就不難想像：**之所以不斷碰到惡人，除了孽緣、命運之外，恐怕還有一個很值得留意的因素：個性使然。**

當一個人「自許」為良善的好人，以「忍耐」做為不變應萬變的策略。若被別人踩到痛點，既不叫出聲音、也不要求對方賠罪或補償。久而久之，別人就以為這沒什麼！**你的忍氣吞聲，很容易換來他的得寸進尺。**

這裡的「他」，可以替換為所有讓你感覺默默在欺負、霸凌你的人，例如：同學、同事、朋友、主管、公婆、伴侶，甚至是你的子女。

還有另一種是「自詡」為良善的好人，本質是不是好人，暫時不評論，但就是很刻意表現，想要讓所有的人，都認為他是好人。如果是這樣的狀況，其實受盡委屈，也是剛好而已。甚至，還可以有一個很反諷的解讀觀點：「吃虧，就是佔便宜！」故意讓自己吃點小虧，好在人際關係上演出「扮豬吃老虎」的戲碼。

前者，很明顯是「爛好人」；後者，就可以戲稱為「假好人」。雖然這兩種好人的起心動念不同，卻有很相近的目的，就是討好別人。

當一個人刻意抱持「討好」的策略，就會把所有跟他交手過的人，都培養成爛人。有的時候，對方一開始並沒有真正那麼壞，但很容易在食髓知味之後，變本加厲地成為爛人。

這樣的互動方式，或許在短期間之內，確實可以達成討好的目的；但長期下來，雙方絕對都不會真正開心。

正本清源之道，是回來檢視自己刻意做好人的動機。無論是「爛好人」或「假好人」，只要對待別人的動機，牽涉到「討好」，這就跟「偽善」沒有兩樣了。

請恕我把話說得如此直接，或許當你覺得難聽，就是有被羞辱到了，這份不舒服的感受，可以是一個期許自己做出大幅改變的開始。

和任何人相處時，都要設定出清楚的界限，表達自己神聖不可被侵犯的原則與權利。當你懂得尊重別人，就有權利要求對方尊重你。

我深深同意：**這世界，或許並不公平；但也不會糟糕到你要處處對每一個人都委曲求全。**

你也不必過度解釋「被討厭的勇氣」，沒有人要你變得很白目，到處得罪人。但是，你一定要有最基本、也是最重要的真誠：表達自己真正的想法。

當然，這是有前提的，請你先主動營造一個可以彼此尊重的溝通環境，不要以為這是對方的責任，才能把「不刻意做好人；才能擺脫爛人」的成功關鍵，拿回來掌握在自己手裡，並且將它實現。

你的忍氣吞聲，
很容易換來他的得寸進尺。

有些解釋是多餘的

任對方因為誤解的憤怒，有釋放的機會

有位曾經在工作上合作一段時間的夥伴，某天清晨突然像吃了炸藥般，憤怒地透過通訊軟體，傳送過來極不友善的訊息。當下我知道對方因為某件事情有很大的誤會，但看到他留言裡的字句十分武斷、語意非常決絕，我明白此刻多說無益，只能回覆：「無論如何，謝謝你這段期間的關照，祝福。」

句點之後，彼此就各自天涯了。

瞬間的驚濤駭浪，隨著捷運車廂輕微搖晃，因為震驚而撼動的心情，漸漸歸於平靜。

並非不在意這份因為共事而建立的人際關係，而是成為大人以後的我，愈來愈相信因緣有自，強求不來。若說熄滅手機螢幕的剎那，我還有所牽掛的話，多半是對方的性格造成的命運，讓他在工作上常有委屈；而不是我在他心目中的形象，是否因為這個誤會而毀於一旦。

在放手時，保持沉默。此刻的無聲，是一種友善的回應。任對方因為誤解的憤怒，有釋放的機會。他氣憤像孩童時；你更要穩健如大人。

這無關自我的謙遜、或強大，只是多年修持而來的隨順與接納，不再對自己苦苦相逼。當某一個人、或全世界都誤解的時候，至少還可以擁有自己。如果此刻說什麼都是多餘，那就留給自己不解釋的權利。

或許，是自己對朋友的要求很高、期望甚深，我一直認為——真正的朋友，是可以互相理解與諒解的。無論任何大大小小的事情，根本不需要過多的解釋、說明，彼此連互望一眼都不必，就能選擇信任。如果欠缺這樣的基礎，再多解釋、再多說明，其實對方頂多得到一種你很尊重他的假象，他對之前的誤解，最終還是會有點存疑。

甚至，將來有人在你們之間隨意搬弄挑撥，或有其他不可意料的狀況，而造成第二次的誤會，對方就會在心中撩起：「看吧，果然沒猜錯，他就是這樣的人啊，枉費當初我還原諒他。」

這樣反反覆覆的人際關係，是非常疲累的；在愛情上，也有很多類似的感情模式，讓兩個人因此而不斷分分合合。

從年少至今，我從未刻意交朋友。雖然對為了維持人際關係，而討好別人的努力，感覺十分陌生；但只要不與人爭，要做到表面上的和諧，其實也並不困難。

真正的朋友，
是可以互相理解與諒解的。
無論任何大大小小的事情，
根本不需要過多的解釋、說明，
彼此連互望一眼都不必，
就能選擇信任。

偶有初識的年輕朋友，聊到這個話題，都把這種性格，推給星座去承擔。他們說：「水瓶座，愛好自由，擁有一般人無法理解的邏輯。」所以，容許我繼續當個外星人。

久而久之，自認為個性確實是有點孤僻，所幸想到可以免去許多與人交往的繁文縟節，卻有幾分慶幸。寧願在不妨礙別人的前提下，儘量我行我素，活得輕鬆容易。

不過，回想起來，年少時候的自己，其實是會在意的。尤其，在朋友數量已經如此精挑細選而所剩無幾的狀況下，偶爾如果有溝通不良而造成誤會的時候，總是特別耿耿於懷，想要趕快解釋澄清，不想讓彼此心裡有疙瘩。即使，費盡所有心力說明，對方還是不肯諒解，至少要讓自己內心的遺憾少一些。

直到經歷過很多痛苦的離別，尤其是至親的病老衰亡之後，漸漸明白自己所渴望的關係，是怎樣的一種清楚明白，又是怎樣的簡單篤定。

那些猜疑的、忌妒的、見不得對方好的、無法彼此成全的……都是超過能力所及的負累。

所以，因緣已盡時，對方不念舊情，不再信任，就不用解釋，不必說明，盡所有可能，把遺憾化為祝福，獻給對方，這已經是我們所能付出的，最大的成全。

如果此刻說什麼都是多餘，
那就留給自己不解釋的權利。

戒除應酬話

寧願不太會說話，也不要學會說應酬話

在人際溝通上，想要真正「轉大人」嗎？或許先要培養兩種能力：一是自己要徹底戒除說應酬話；二是分辨對方說的只是應酬話。

頻繁地說應酬話，很容易毀壞個人信用。輕則讓別人對你留下「油嘴滑舌」的印象；重則讓你講的每一句話，都變成毫無價值的廢話，沒有人會當真。

不妨試著跳到另一個立場，當你是接受訊息的這一方，就要及早學會辨識對方說的，會不會只是應酬話？不要輕易把對方的話，全部都當真，否則等到發現這些話都沒有兌現時，不但自己會因為失望而受傷，甚至波及身邊每一個人，讓你失去對所有人的信任感。

什麼是應酬話呢？舉凡：「改天再約出來聚聚！」「沒關係，這我家裡還有多的，下次拿給你。」「不用客氣，需要幫忙時隨時跟我說，我絕對全力以赴！」「只要表現好，就幫你加薪。」「你是個人才，繼續打拼，我很快就會讓你晉升。」

話語的內容，其實都不是問題。**究竟是真心話或應酬話的關鍵，在於這三個重點：一、說這些話的動機；二、後來有沒有如實做到；三、若沒有做到，是不是有所彌補。**

如果說話時已經沒有足夠誠意，純粹是為了討好或安撫，而且聽起來很容易覺察這只是一句客套話，彼此都沒有當真，營造了一個雖虛假、但雙方都開心的氣氛，沒有留下任何的期待，其實這樣的應酬話，殺傷力是最低的。可是這些話，多說無益。言語愈多，真心愈少。兩個人的關係，只剩虛情假意，沒有一點認真。

另一種情況是，說話的時候確實很認真，後來卻忘記了，假若只是偶爾一次，當然可以歸納為無心之過，卻已經損傷到說話這一方的信用了。

經過長期觀察，我發現這一類型被遺忘的真心話，之所以後來變成應酬話，多半是因為說話的人太忙碌了，沒有及時把承諾記錄下來。

如果發生在好朋友之間，當然有機會被原諒。到頭來，反而是把此話當真的人比較尷尬。有句話說：「認真，你就輸了！」通常是在這種狀況，拿來自我解嘲一番，否則次數多了，很容易傷及友誼。

職場上，應酬話最常出自主管的口中，剛開始可能是為了激勵部屬，誘之以獎金、加薪、升遷……久不兌現之後就變成畫大餅，最後必然導致民心盡失，士氣低迷。

第三種可能是：話說了、也記得了，最後卻沒做到。要看說話的人，是否採取具體的行動，及時說明或給予彌補，否則還是會影響信用。

某一年，蘋果手機很夯，未上市先轟動，愛用者須排隊預約，都還不一定能在上市後拿到貨。我提供顧問服務的一家客戶，CEO是個長輩，當著多位高階主管面前，說要送我一支最新型號、而且是最高規格的蘋果手機。

雖然我委婉告訴他：「我一直慣用安卓系統，請您不要費心！」但他還是信誓旦旦說：「吳顧問，我一定要送你這支手機，等你用上手，就會知道它多好用。」

幾年過去，我還在繼續使用安卓系統的手機。呵，因為他答應要送我的手機，始終沒有出現。

關於那支蘋果手機，我並不是貪財戀物，卻也藉此機會觀察這家客戶，並印證我一直以來發現到的管理問題。大約半年後，秘書跟我說，那支手機上市時候很難預約，後來確實有排到幾支手機，卻都被老闆的家人與好友A走了，所以才沒能拿來送我。

我真的一點不介意，因為當時我說的「我一直慣用安卓系統，請您不要費心！」是百分百的真心話，倒是他說的「我一定要送你這支手機。」事後證明只是應酬話。

不久之後，那家公司果然發生經營危機，這位老董親手創立的公司，被他最信任的總經理虧空，幾近乎面臨倒閉。證實我當年的觀察：老闆是好人，但不太重視自己說話的信用，加上用人不當，無論是他忘記的事、沒處理完的事、或手下有人做貪贓枉法的事，身邊最親近的秘書、特助都沒人敢提醒他。

充斥太多應酬話的公司，表示企業文化浮誇虛矯，從上到下做事都不踏實，長期以往，管理和效能都會出大問題。

親子之間的相處，也是同樣的道理。多少為人父母者變得毫無威信，就是因為管教時，在孩子面前講了太多應酬話，很可能只是為了一時的情緒安撫，「乖，不要吵，下次買給你。」「你只要老實說，我就不會處罰你。」事後卻統統沒做到，從此賠掉自己的信用。孩子從小就對爸媽講的話存疑，長大後要如何相信自己？

近幾年，有關「說話」的主題書籍或課程，都大行其道。但實情卻是：**寧願不太會說話，也不要學會說應酬話。尤其是讓別人乍聽之下，以為你很認真的話，如果還沒想清楚、或是沒把握，就不要隨意說出口。**

一旦承諾別人，就請你當場拿筆記本、或打開手機APP備忘記錄，千萬不要讓原本可以幫助你建立信用的真心話，變成讓你一夕之間信用破產的應酬話。

如果你正在學習判讀究竟是真心話、或應酬話，不妨用心觀察、等待時間，不久之後，真相就會水落石出。當發現對方一開始講的就是應酬話，你依然可以保持認真，但不要當真。保持認真，你會繼續誠懇；不要當真，你就能免於受傷。

假設對方本來講的是真心話，後來因為種種原因而沒有如期兌現，你可以考慮提醒一次，以確認他是不是因為事情太忙而忘記了。若對方因為能力所限，而無法實現承諾，就原諒他吧！然後，勉勵自己永遠不要像他那樣信口開河，以免信用破產。

被遺忘的真心話，之所以後來變成應酬話，
多半是因為說話的人太忙碌了，
沒有及時把承諾記錄下來。

勇敢接納最真實的自己

與其偽裝虛矯地粉飾太平，不如誠實面對

長大之後，你真的了解自己嗎？

我們常在人際關係中受傷後，覺得認清對方的真面目是很殘忍的事，好像看到別人醜陋的一面，不僅自己被迫一夕之間成長，還失去了這個朋友。

其實，若要真正認清自己不夠完美的一面，也很需要勇氣。

你可以因為討厭一個人而離開他，卻無法因為不喜歡自己而揮手遠去。你所喜歡的、和不喜歡的自己，都會如影隨形地跟著你，一天一天老去。

如果你年過三十，還認為認清自己是很不容易的事；那麼，逃避去認清自己會是更大的災難。不論是對別人、或對自己而言，都是！

儘管網路上的社群平台，常出現各式各樣類似心理測驗的遊戲，許多網友似乎樂此不疲，不但公開自己測驗的結果，屬於哪一種類型的人格、具備怎樣的特質，還很熱心地分享轉傳，邀請好友一起做測驗。

但，真正去分析後，就會發現這些心理測驗，趣味的成分遠大於實際的效益。

而且，它呈現出來的人格特質，多半是有趣的、大部分人都可以廣為接受的。就算做出來的測驗結果，有些人性的黑暗面，也都是以博君一笑的標籤出現，才會廣為流傳。即使測驗結果說你具備「武則天」「賈伯斯」「川普」人格特質，就算不喜歡這些名人，也不至於要立刻封鎖這些遊戲APP。

但假設測驗的結果是：自私95％、小氣90％、陰險80％、愛說謊75％……我想很少人會承認它很準確，即使私下驚恐地認為，這分析有點道理，也絕不會分享出去。從這個現象可以看出——

每個人都在追尋自己，想要更了解自己，但不一定有足夠的勇氣面對真正的自己。而且，不論優缺點都一樣。既無法安然接受稱讚，也難以面對批評。

當別人讚賞我們的優點時，傳統的好家教，教我們要回答：「哪有啊？您過獎了。」而不是：「謝謝您的肯定，我確實很努力。」相對地，當別人一針見血說出我們的缺點時，通常的反應，不是羞愧地無地自容，就是暗自懷恨，在內心不斷反擊。

我在個人交友圈、以及諮詢工作室裡觀察，發現這些人性反應特別明顯，而且呈現兩極化。同樣是被精準地理解，有些人的反應是：「好感動，原來你這麼懂我！」另一些人的反應是：「好可怕，原來你把我看透了！」

久而久之，我會變得更有耐性去體會，以及考慮我要怎麼表達對別人的這份理解。

我深深知道：如果對方準備好了，也願意透過自我揭露，往自己更深的內心走去，他就會感動於被充分的理解，覺得彼此很有默契。

相對地，倘若對方還沒有準備好，始終無法放下對別人的防衛，我就要把這份理解收斂下來，以免對方無地自容，而改用微笑面對他的自我保護——**儘管，我覺得對彼此而言，比起誠實面對，偽裝虛矯是更殘忍的**

事情。

於是，這份無法言說的理解，就昇華成為我們之間的慈悲。我不拆穿你；你繼續蒙蔽自己。我會用適當的速度離去，而你總要慢慢學習認清並接納真正的自己。

曾經有一位女性企業主，經營電商通路，本來興致沖沖找我合作研發專案。幾次會議下來，儘管談的都是公務，從未涉及隱私，但她卻對我說：「吳老師，你好可怕，我覺得你的眼睛會看穿我。」

後來，我想了一個彼此都不傷和氣的理由，主動停止繼續合作。因為我已經看到她的防衛心，這會是之後雙方溝通的阻隔。

而她想掩蓋的，只不過是之前情感的創傷，說起來其實跟公務無關。但認真細究，一個高階主管，若一直刻意把情緒隱藏在工作上，而不是致力於與過去的自己和解，其實並不容易理性決策。這是我比較擔心的問題；事後也證明這確實影響了她所經營的企業。

另一個電玩產業的程式設計部門經理，是位年輕熟女。在某次私下聊天，我發現她談到一個特別議題時，音調裡的能量，明顯有雪崩式的陷落。輕輕提點之後，她立刻坦承說正在處理離婚與監護權的事情，有點傷神。我們另找時間做了比較深度的諮詢後，她把婚姻和小孩都處理到自己滿意的結果。

從這些經驗中，我發現：**要認清並接納自己，或許有點殘忍，但不妨就用這一時的殘忍，勇於面對個性或經驗中美好的或醜陋的一面，不再繼續逃避，以換取對自己永久的仁慈。**

與其在網路上玩那麼多心理測驗的遊戲，不如回頭在現實生活中更深度地認識真正的自己。

問問幾位你最在意的家人或朋友，在他們眼中，你是一個怎樣的人？

或許，為了保護你，他們能說的真話並不多，但只要你表現得夠勇敢而誠懇，最後總會聽到幾句跟實情相符的忠告。

很可能就是這幾句，難能可貴的真心話，讓你有機會從別人眼中，重新認識不夠完美自己，並發現他們長期以來對你的仁慈與厚道，無論完美或不完美，你都因為完全地接納，而能夠做真正的自己。

對彼此而言，比起誠實面對，
偽裝虛矯是更殘忍的事情。

有一種努力，叫做不要太努力

成熟的人生，必須善待自己，且要有讓自己放鬆的豁達

突然其來的身體痛苦，意外的像是不速之客。儘管跟它共處的期間，非常不舒服，但經過仔細咀嚼那份苦楚到極致，就會有苦盡甘來的體會，並進而找到屬於自己的靈性課題，看到自己內在需要更有覺知的學習。

在朋友眼中，我是個年紀資深的「健康寶寶」，幾乎很少去醫院掛號門診。他們都以為我很會養生，我常開玩笑回答：「其實我是忙到沒時間生病。」自己心裡也非常清楚，是靠「意志力」支撐著，為了忽略身體

任何的警訊。

因為新冠肺炎影響全球，我的部分工作受到嚴重影響而停擺。不再那麼需要「意志力」逞強，我放下所有的武裝戒備之後，才開始聽見身體的聲音。

首先是，胃痛。我從來沒有發生過任何胃腸問題，卻從年初開始天天胃痛到翻攪。多年靈性學習，知道胃痛的課題是：凡事追求完美！當沒太多事情，好讓我追求完美的時候，內心的不完美就出來抗議了。

我堅持不肯照胃鏡，醫生只好讓我自費服用胃潰瘍的藥物，長達十二周。痊癒之後，又再自費做了幽門桿菌的檢查。來來回回確認，發現這次突然引起胃潰瘍的原因，其實可能跟另一個健康議題有更密切的相關。

因為年初時好友送來一大盒高纖穀粉，我把它拿來當早餐喝。意志力向來堅強的我，很自律地連續吃了三個月。

後來醫生說：「有些人的體質，並不適合在空腹時，大量攝取高纖食品，非常傷胃。」

表面上，只是食物與生理的反應與關係；實際上，卻有我深深的執念。對萬事萬物，都秉持著「不做則已，要做就要徹底」的堅定意志。即使它過頭了，已經遠遠超過自己所能承擔的範圍，都還麻木地以為：其實，我還可以！

花了半年多的時間，才剛剛獲得恍然大悟的清楚明白，卻又在匆忙之間，一腳踩進另一個關卡。

因為趕時間前往主持現場節目，在電台的停車場樓梯間，一不小心踩空一個階梯而扭傷腳踝。有一句老話說：「傷筋錯骨一百天。」果然沒錯啊，這踉蹌一拐，看似沒有很嚴重，可打壞了我所有的日常計畫，而且還超過一百天。

本來已經持續幾年的重力訓練，是最先受到影響的。專業教練朋友再三交代：「此刻不能練腿！」我卻擔心已經練了兩年多的腿部肌肉毀於一旦，私下還是深蹲、硬舉偷偷來。

原本只是腳踝的小傷，卻因沒好好休息，牽動小腿肌肉與膝蓋筋膜，愈來愈嚴重。預訂報名學習羽球的課程，進度被迫一延再延。

這中間呢，看西醫、做了復健；找中醫、做了整骨。最後再到跌打損傷的傳統師傅那兒，拍打扭折、翻滾拉筋。該嘗試的努力，似乎都沒錯過。

但……一直沒有完全痊癒的原因，其實自己內心非常清楚——這麼多年來，我沒有真正好好善待自己。

原來，世界上有一種努力，叫做：不要太努力！特別適用於已經過度認真的人。這些人積極的態度背後，有一種不安全感，也就是擔心不夠努力就失去自我價值的恐懼。

我一直往前衝，不肯讓自己徹底地休息。我對工作踏實努力，卻對身體投機取巧。身體對我何其寬容，只用小小微恙提醒，而非棘手到難以痊癒大病示警。我不知道現在回頭是否來得及，但如果不做出改變，就注定錯失良機。

成熟的人生，需要一種能讓自己放鬆的豁達。可以繼續努力，但不要帶著血氣方剛的拚勁，那只會和自己過不去。

一個大人的從容與圓融，來自深層的自信，不是因為自己做得多好、多成功，而是即使沒有什麼把握，還能不怕輸、不怕失去。

仔細咀嚼那份苦楚到極致，就會有苦盡甘來的體會，並進而找到屬於自己的靈性課題。

如影隨形的黑歷史

問題不在過去發生什麼事，而是你如何看待過去

人不輕狂，枉少年。但若在一段荒唐歲月中，留下了黑歷史，等將來已經悔過向善後，又被拿來說嘴一番，究竟要如何面對，為自己洗白呢？一般人都會以為：沒那麼難吧！這社會還是有寬容的力量吧！只要當事人能夠拿後來的言行證明自己已經徹底改變，就可以說服別人吧！

但事情往往沒有我們想像中簡單，即使是年少或心智不成熟時所犯的錯誤，自認為已轉變成為光明磊落的大人，那些如影隨形的黑歷史，很可

能依然是閒雜人等茶餘飯後的精采話題。

當事人完全無法改變這個現實，唯一能調整的是：自己看待這段黑歷史的心態。

別以為這是公眾人物才有的困擾，民間百姓其實也身受其害。尤其是身處網路發達的時代，就算只是一個小小汙點，被酸民放大後，只要搜尋引擎沒有滅絕，這段黑歷史就永遠存在。

當你在找工作的時候、碰到一個心儀對象的時候，原本前途一片看好的光明大道上，黑歷史的烏雲就總會選在這一刻到來。

我曾經在職場上，碰到一位昔日同窗，他卻刻意假裝不認識我，在公司走道相遇，也不打招呼。別誤會，我們之間沒有任何嫌隙。而是因為他在學校師長眼中表現非常優異，只有跟他一起廝混的同學才知道真正的底細，漸漸在班上傳開來。

當年，他考試靠作弊、放學偷東西，算是個聰明反被聰明誤的少年。長大後，彼此都沒連繫。有關他的黑歷史，其實可以很安心地從我守口如瓶的個性中刪掉，但很顯然他還是和自己過不去。

幾天前，我的療心室來了一位三十五歲的大男生，他的困擾是：正在論婚嫁的時候，從前情感的黑歷史被人惡意起底。好好的一樁婚事，瀕臨因為女方家長反對而隨時可能破局。

還有一位高中老師，因為停車糾紛而鬧上媒體，雖不是什麼十惡不赦的大事件，卻因為網路鄉民的助攻，長達半年停留在新聞的熱搜榜中。他日夜祈禱，教育界能發生其他更扯的新聞，才能把他的負面消息蓋過去。

這些人，都受困於自己的黑歷史。甚至，包括你、我，都可能有些不堪回首的過去，明明自己忘不了，卻希望別人絕對不要再提。

很明顯地，**問題的癥結，都不是出在黑歷史，而是我們怎麼看待過去。**

如果真心相信現在的自己已經徹底改變，或許可以比較有面對過去的勇氣。這時候，只需接納這一段黑歷史，確認它重如泰山地發生過，自己也付出極大的代價，別人的評論就可以輕如鴻毛。

相對地，假使自己都還不確定，是不是已經改頭換面，又如何能在別人街談巷議的口沫橫飛中洗白過去？

時光走得再遠，都送不走歷史。能真正終結它的，是自己要變得不一樣的決心。然後，笑罵由人。

有時候，最重要的不是你後來做了什麼新的改變，而是你不再重複那些舊的惡習。

告別黑歷史，不是仰賴別人幫你洗白，而是得靠自己完全的接納。不再刻意掩藏，勇於承認那是過去的錯誤，現在才能得到一個對的自己。

倘若你很幸運地，沒有任何黑歷史，有一天碰到一個黑歷史的對象，那麼判斷要不要接納他的標準，就不會是他現在改了多少。而是觀察這中間他是為了什麼而痛改前非。他之所以改變的動機，比他現在對你承諾什麼更重要。

有個年輕的中餐師傅，誤入歧途，迷上賭博，輸光家業。父親突然重病過世，臨終前頻頻叮嚀他要回頭。他因此受到感召，從租市場臨時攤位賣包子，東山再起，如今已是名店老闆。

但就算現在再風光，也無法洗白那段黑歷史。不過，**因為它真的夠黑而且還黑得發亮，才能讓翻轉過後的人生光澤，有不凡的意義。**

告別黑歷史，
不是仰賴別人幫你洗白，
而是要靠自己完全的接納。

青春，一抹學習的時光

自信，不是覺得自己有多好，而是相信自己能做到

終於正式報名羽球訓練課程，而且竟是該梯次僅剩的最後一個名額。我站在運動中心服務櫃檯，核對手機裡繁忙緊湊的行事曆，找到小小一個縫隙，巧妙地塞入這個學習活動，正好可以化零為整地利用時間，非常感謝上天的成全。

這個學習計畫，說來有點曲折。下定決心要打羽球後，因為腳踝突然扭傷，而不得不推延。利用養傷前前後後大約三個月的期間，仔細搜尋大

台北各地的羽球教學資訊。有的課程，距離住家或工作場所很遠；有的課程，時間無法配合上。

就在我腳傷漸漸療癒，可以開始活動的時候，竟在住家步行只要十分鐘的地點，找到專業教授羽球的課程，而且是小班制，一班只收四個學生，十分符合我的期待。

雖然大學四年期間，我在體育課選修羽球，但老實說，畢業之後就沒再碰過。加上我念大學時候，體育課的羽球教學，沒有特別的系統化，大概每次上課就是找個同學對打，純粹運動流汗，沒有琢磨出真正的球技。幾個月前，結識一位長期投入羽球運動的朋友，他鼓勵我下班後一起打球。可惜的是，我那段期間的行程比較滿，來不及做好準備，未能及時答應赴約。

趁著準備購買球拍與球鞋的期間，我先加入網路社群平台中的幾個羽球社團，想了解一下這個領域的資訊。

從他們的貼文中發現：羽球是一項可以簡單入門，卻不容易專精的運動。除了手部的技巧之外，像是發力的方式、腳步的步伐、球場的走位，都有很大的學問。而且網路社群平台上，邀請散客加入打球的帖子，對於球技的要求與標準都非常嚴格，大多數的貼文都直接標示：「不歡迎初學者」，只有少數版主會說：「開心打球，不限等級！」

說來要感謝這些社團貼文，不斷加強我要去報名羽球訓練課程的決心。還讓教練看出我的企圖，她開玩笑對我說：「好了，我知道，你的目標是：兩個月之內，飛簷走壁！」然後，我們很有默契看著對方，以認真的眼神。

自從報名羽球訓練課程，在等待開課之前，我花了數十個小時，把YouTube頻道上和羽球相關的初階技術影片，一一找出來，並且看過很多遍。許多研究學習的論述都指出：在球場邊認真看別人打球，效果並不輸給下場練習。其實，我沒有要省去下場練球的時間與努力，但會想在正式開始上課前，把大學時代打羽球的手感找回來。

重新開始學習羽球的決心，像是一把可以將時光遣返的箭，一旦發射出去，我的心智和想念，就立刻回到從前。甚至，彷彿連體能也是。我竟從未懷疑過自己，是否還能勝任如此激烈急衝猛殺的運動。

直到真正上了球場，很快揮別因為緊張而打不到球的尷尬，逐漸適應現場的氣氛和教練的指導，從大學畢業後至今這超過四分之一人生的時光，好像也只是一顆高飛的羽球，從球場的這一端，快速被打到另一端。我的情感，還能不斷在現實與記憶的兩端往返。

同組的三位資深同學，已經跟這位教練連續上了一、兩年的課程。他們年紀都比我輕，最小的學員，還不到三十歲，個個都對我百般包容。

他們給我最大的鼓勵是：「Eric，你就像一張白紙，教練講什麼、就吸收什麼，難怪可以進步這麼快！」當我某幾個球路，打得比之前好，進步很多，他們就為我開心地喊：「你是神童！」何其有幸啊！一個年過半百的神童。在球場，我深刻意識到——

所謂的「青春」，並非特定的年紀，而是一顆願意重新學習的心、和隨時都可以接受挫折的勇氣。在未知中，不特別覺得恐懼。隨時隨地，都能以好玩的動機去嘗試，鼓勵自己說：「我可以！」

或許，**在年齡上每個人都無法長期霸占著「青春」的位置；但是，真正可以讓自己充滿活力的，是永不評論自己做不到的好奇心。**

光是彎下腰，用球拍撈起掉落於地面的羽球，都能讓我狂練超過一百遍，而從不氣餒。在這個過程中，除了體會什麼叫做「百折不撓」的精神，也看到自己被歲月磨圓的銳氣，與從苦難中長出的耐性。**成熟的自信，不是一直覺得自己有多好，而是相信自己總會做得到。**即使，不是今天，而是未來的某一天。不斷鼓舞自己，繼續嘗試各種可能。就算到最後沒有如願；也在過程中享受美好。

原來，**真正的青春，不是稚嫩的肉身，而是無時無刻都想成長的渴望，並且將它付諸於實行。**無視於歲月催人老，只因為還有很多夢想，將在餘生閃耀。

「青春」，並非特定的年紀，
而是一顆願意重新學習的心、
和隨時都可以接受挫折的勇氣。

輯 三

有所不為的愛

戀愛，從來就不自由

用溫柔撫平過往的遺憾，在僅存的餘生好好疼惜自己

電影《刻在你心底的名字》描述一對高中時期的男同學，在成長過程中探索自我性向與生命愛戀的故事。他們曾經相愛，也互相傷害。即便社會氛圍已經從戒嚴跨越到解嚴，但這個世界對同性戀的偏見與歧視，仍然讓這段感情被壓抑而扭曲。

後來的他們，從成年跨越到中年，依然無法釋放這段被埋藏在內心深處的美麗遺憾。直到在異國街頭重逢，從皮夾裡一張青春肉體的照片，印

證彼此曾經被對方怎樣地吸引過，同行走回旅館的路上，記憶中青春的畫面浮現。電影主題曲如MV般做了結束，而真正耐人尋味的畫面，卻餘味深長地一幕幕出現在片尾。

無論哪個年紀、什麼階段，我們常如飛蛾撲火般愛著對方，但可曾真正在那個義無反顧的過程中，好好地愛過自己？

又或者，我們彷彿是不計一切後果地愛上對方，其實真正想追求的是內在那個不夠完整的自己？

我們一直來到中年後，還是很難調適好已然失去青春的自己，因為記憶是一條可愛、又可恨的線索，緊緊地將眼前的現實與青春的盼望聯繫，彷彿瞬間就能往返於兩端，但其實清楚地知道——

這一切都已經回不去了。

但總有少數比較幸運的人，懂得在逝去的青春中，得到生命的勇氣。重新回到往日時光，去看待記憶裡的遺憾，溫柔地撫觸那些創傷，決定用僅存的餘生，好好疼惜自己。

而其中一個可能是，我們終於學會釋放，過去所有因為在意別人眼光與看法，而不敢為所欲為的自己。

但憑藉的，並非只是手無寸鐵的勇氣，而是任你怎樣頑強，也無法動搖我的能力。

年輕的時候，即使同性戀者因為人們的偏見而愛得十分壓抑，相對之下異性戀者的情感雖然符合大多數人的價值觀，但其實也有人必須擠在門當戶對、婆媳相處等問題，而承擔家族反對的壓力。

記憶是一條可愛、又可恨的線索，
緊緊地將眼前的現實與青春的盼望聯繫，
彷彿瞬間就能往返於兩端，
但我們其實清楚地知道：
這一切都已經回不去了。

儘管同性相愛與異性相戀，兩者面臨的挑戰大小如天壤之別，卻有一個共同的事實，就是：愛得不自由。

直到經歷所有挫折與哀傷，才慢慢了解：戀愛，從來就不自由。除了我們所在意的，別人的眼光；還有，我們所忽略的，內在的禁忌。

如果，一段感情必須獲得允許。決定權，不是別人可以給你的。而是你給自己的允諾。其他，都只是藉口而已。

而弔詭的是，這個給自己的允諾，還包括：「戀愛，從來就不自由！」這個既殘酷、又真實的條件。唯有在感覺外在有限制、內心也不自由的愛，才能讓你所有為愛的付出，顯得高尚。因為，未經思考而為所欲為的愛，通常的結果都是兩敗俱傷。唯有能夠做到有所不為的愛，才能真正地久天長。

剛開始的時候，請你把那些有關愛情的老生常談，都先丟在一旁。因為，**屬於青春的愛戀，絕對不會是成全，而是徹底佔有對方。直到彼此有所共識，願意犧牲雙方各自的一些自由，換取兩個人相處時的自在，也才能真正完勝於世俗的眼光。**

大多數人感到最無力的，並不是相愛的時候，被別人阻擋；而是失去愛的時候，被訕笑淒涼。

相愛時，被別人阻擋，其實會激發你的鬥志堅強；反之，失去愛時，被訕笑淒涼，會讓你質疑自己當年的傻勁，否定該有的智商與情商。

戀愛，從來就不自由！如果你想真正自由，不妨考慮單身就好。

我們之間，還有「我」嗎？

愛對方，也不能委屈自己

如果你一直努力在於如何做自己，這樣的用心雖然很值得尊敬，但也很令人心疼，表示當下的你，並沒有身處於理想的狀態裡。尤其是正在經營一段關係的過程中，若還是很努力地想要做自己，除非彼此都很成熟，互相尊重，並且成全對方，否則，很容易讓關係變得緊張、或愈來愈淡化。

在找我做情感諮詢的許多個案中，從不同真實故事的情節裡，看到「做自己」在兩個人關係中所產生的障礙。一位處於熱戀期的女孩，埋怨地說她的男友從不放棄做自己。即使他口口聲聲說：「妳在我心中最重要！」他仍不顧她的感受，我行我素地和自己的朋友玩樂，把她的約會時間順序擺到最後。

我問她：「那妳也會想要做自己嗎？」她斬釘截鐵地說：「單身的時候，當然會啊！但有戀愛對象的時候，總要彼此妥協一點吧。」

原來，她也渴望在愛情中做自己，而她並非想要多麼大的自由空間，只是希望對方懂得尊敬與疼惜。轉譯成更白話的說法是：她想要做的自己，只是不再繼續受委屈而已。

結束那次一對一的諮詢課程後，她在網路上搜尋到我之前發表過的觀點：「在愛情裡，最大的慷慨是：允許對方做自己！」於是，深夜回訊息給我說：「這已經不是慷慨，而是慈悲了！」

她說的，沒錯！**慈悲，是「大愛」；不慈悲，就成了「大礙」**。但我也不得不承認，在兩個人小情小愛的世界裡，凡人如我們似乎只能有限度地做到一點點慷慨，離慈悲的境界真的太遙遠了。

我想，最大的差別是：菩薩，對凡人是別無所求的。而凡人對所愛的對象，是會有所期待的。**當你傾盡所有地為對方付出，而他卻讓你期待落空，也就是你成全他盡情做自己，而他卻讓你失去自己，這是愛情裡的一齣悲劇**。當兩個人的幸福，藏著一個人的淒涼，感情這條路，走得不只辛苦，還很空虛。

她說，為了不讓男友感覺委屈，她只好委屈自己。但我看過太多實例了，光靠單方面的妥協，雖能成全另一方毫無上限地做自己，等她的耐性消磨光了，就會是徹底放手的時刻到來。因為他逃避一個男友該有的擔當，不顧女友的感受，只想追求不受束縛的自由。

在一段關係中，委屈是不能求全的。除非，被成全的另一方，因為懂得珍惜，而學會重新回頭看待彼此，並且在這段關係裡付出相對的責任，而不是只顧著維護之前單身時自己享樂的權益。

身處兩個人的關係裡，如果彼此還能堅持做單身時自由自在的自己，必須符合一些前提：一、你所追求的自己，是彼此都共同認可的目標；二、你要做的自己，沒有剝奪對方愛你時基本的權益；三、你相對地也成全對方，做他想要的自己；四、你們彼此關心，而不是為了各做自己而互相放棄。

我認識一對很特殊的幸福伴侶，是上述論點的最佳寫照。他們婚後共組家庭，彷彿各過各的生活，只有子女和親友，是共同的交集。

夫妻倆個性都很成熟、而且獨立。因為高度自律，所以各有自由。而且，彼此信任、相互尊重。從不干涉對方想做什麼，卻也不怕對方過問自己正在做的事情。重要的是，他們始終維持一個很好的溝通習慣，會主動告知對方行蹤，然後適度關心，全力支持，是很適配的一對。

如果你很渴望這個狀態，而你和你的伴侶，尚無法共處於令你感到理想的互動關係裡，你為了經營這段關係，必須放棄單身的自由與快樂，因而心生委屈，或許就是該面對現實，做出選擇的時候了——**修訂對於「在感情中，繼續做類單身的自己」的期許，或是徹底離開這段關係，恢復真正的單身狀態。**

想要在兩人關係中做自己，其實是持續在當下不斷覺察的結果。然後，在各種選項與條件中，列出優先順序，選擇自己真正想要的狀態，並安於其中。

誠如很多社交平台，對自己感情狀態的標示有不同的選項，包括：「單身」「穩定交往中」「已婚」「一言難盡」……。**既然你選擇某個狀態，代表那是你對自己生命的詮釋，就讓自己盡情活在這個狀態中，否則請趕快離開。**只要是出於自己的選擇，就是你的自由，不必再為此而感到委屈。

慈悲，是「大愛」；
不慈悲，就成了「大礙」。

「盡力而為」很矯情

不吃力的付出，才能心甘情願

早期我曾經公開發表過一個論述情感關係的觀點：「無論是情侶或夫妻，為對方付出的時候，要量力而為，不要盡力而為！」多年來，獲得很多回響。為感情付出，不僅要衡量自己有幾分能力，也要斟酌看看對方能夠、或願意接受幾分。

唯有自己覺得不吃力的付出，自己才會真正的甘願；也唯有適合對方接受程度的付出，才不會讓對方不領情、或是把你的付出視為理所當然。

千萬不要為了彰顯自己的愛有多深，就不計後果地、一股腦兒地，把自己的愛、感情、錢財施捨給對方，甚至在自己能力不足時還透過借貸，來取悅或討好對方。因為這樣做，很容易讓自己油枯燈盡。而且，只要對方的回應，不如你的預期，你就很容易浮現一種「我為你付出這麼多；你怎從來沒有感動過？」的委屈。

更何況，如果你傾盡所能、或甚至超過所能的付出，但你付出的時機、程度、或內容，都不是對方所想要的、所願意接受的，這樣的付出在對方眼裡，就變成一種壓力，也是一種浪費。

別以為你甘願付出，對方就一定樂意接受。有時候，明明你所付出的內容是對方需要的，但很可能因為時機不對、程度不符，對方就退卻了。

所以我一直認為：**感情關係中的盡力而為，是很危險的付出方式，一不小心就是兩敗俱傷。**

感情關係中的盡力而為，
是很危險的付出方式，
一不小心就是兩敗俱傷。

但隨著歲月的成長、經驗的累積，我慢慢發現：這個「付出時，要量力而為，千萬不要盡力而為」的原則，也適用於所有人際關係。並且，還可以用來矯正很多人的衝動，一旦情義相挺起來，就兩肋插刀，在所不惜地為對方付出。

尤其，我看過很多類似的案例，當事人在多年以後，都是很後悔的。

有一位朋友，曾跟我訴苦，內容是有關他之前幫助別人的經驗。他說：「想當初，我怎麼這麼傻，賣掉阿嬤給我的金項鍊，幫他還債務，結果他後來風光了，竟忘了這件事，還假裝不認識我……」的感慨，真的十有八九。

我跟他說，其實問題不在他有多壞，而是你有多傻！因為你在還沒有認清楚他的真面目之前，就做了不值得這段關係的付出。而且，你付出的東西，還不是金錢可以換回來的。那不只是一條項鍊、一份阿嬤的愛、更是你這一生對朋友的信任。

我愈來愈覺得：「盡力而為」，是很矯情的話！

說「盡力而為」這句話的時候，往往自己覺得瀟灑，並沒有真正去評估自己的實力，也沒有去斟酌對方內心的期待、以及實際的需要。頂多，只是說的當下，彼此都覺得安心或感動而已。

換個角度，當你有求於人，對方撂下一句：「我盡力而為！」時，你真的能夠安心、感動嗎？如果你會安心、感動；我只能說：「你是太天真了！」

現實人生，不是古時候的武俠小說！社會環境也不一樣了。「盡力而為」

只是一句空泛的話。就算對方一言九鼎，不容置疑，你事後也從他身上獲得幫助，但你真正懂得「盡力而為」對他的意義嗎？

他的「盡力而為」，究竟是盡了「九牛二虎」之力、或是「九牛一毛」之力呢？這兩者之間，雖然字面上只差了兩個字，意義卻有天壤之別啊。你所積欠的情義、以及對方在意的程度，可能也是會有很大不同喔。

無論是說的一方、或聽的一方，都要留意啊。「盡力而為」聽、講起來都豪氣，實際上卻是很空泛的話。與其豪情萬千地說：「盡力而為！」不如彼此都承諾「量力而為」吧！

接下來，才能好好地具體商量一下，你甘願付出到什麼程度、對方能夠接受到什麼程度，彼此的這番好意，才能避免淪為辜負與抱怨，繼而發展成為正向的關係。

我把青春浪擲在你身上

純粹的甘願，是在付出的過程中不計較得失

你會經對一個人全心無悔地付出過嗎？如果是的話，你將會明白，那是一份多麼純粹的甘願。不在於你付出多少、持續多久、結果如何，而是在付出過程中的專注，忘了計較自己的得失。

在我的療心室裡，有時候會請因感情問題前來會談的個案，試著說出當時被分手時，最想告訴對方，但始終沒有說出口的一句話。各式各樣的答案都有，其中最令我印象深刻，甚至牽動我情緒的一句話是：「我把

青春都浪擲在你身上了！」

即便分手多年以後，這句話聽來都帶著「驚天地；泣鬼神」的震撼。裡面的情緒很複雜，有怨念、有不甘、有遺憾。

感情的世界裡，不只是等著看好戲的外人，其實連當事人都是以成敗論英雄的。正因為把「被分手」視為一種「失敗」，於是有被貶抑的感受，最後是全盤否定了自己。

除戀人的互動，親子關係裡也可能存在這樣心碎。尤其我常在很辛苦的單親、或類單親家庭中，聽到已經來到中年的母親，回顧自己破碎的婚姻、或是面對不符合期望的子女表現時，感慨萬千地喟嘆：「我把青春都浪擲在你身上了！」無論她指責的是配偶、或子女，這份埋怨，因為無法補償、不能回頭，更顯得是生命不可承受的重量。

你可以想像，那位含辛茹苦的女性，在付出過程中的無助與辛苦，以及對後來遭遇的結果，是多麼地失落。

我的母親從未說過這樣的話；但她確實把青春都付出在這個家庭。可是我也能體會她始終沒有說出這句話背後，內心隱忍著多少被自己割捨的夢想。她曾經悠悠地說：「扶養你們三個小孩長大的過程，從襁褓到上學，我足足有十年的時間都待在家裡照顧，連至親好友的喜酒、壽宴都沒去參加。」

讓她能夠付出最寶貴的青春而毫無抱怨，可能來自她的美德、她的責任感、她的母愛，也可能有一部分，是我們三個小孩，後來都沒有過度離經叛道，或棄她於不顧。雖未成大器，也沒讓她的期待完全落空。

但母親那一段沒有出門逛街、看電影、旅行、社交、應酬……幾乎足不出戶的十年，她是怎麼度過的？

後來，母親病倒之後，當我轉換成照顧者的角色，這二十多年來，終於在深刻體悟中，漸漸明白。三十五歲之後的我，複製了母親的命運，除非有寫作計畫、演講課程、或公務的需要，我也成了一個沒有出門逛街、看電影、旅行、社交、應酬……幾乎足不出戶的人。

好友曾經問我：「你不會有埋怨嗎？」

在我內心深處，這個答案好殘酷、也很真實——大部分時間，沒有埋怨。認真說起來，百分之九十九的時候，我都無怨無悔。

那，剩下的百分之一是什麼時候？會有什麼抱怨？很難承認、卻不得不面對的真相是：早期，當母親情緒盧起來，故意不肯好好配合吃藥、復健、做運動、控制飲食的時候，我確實會很沮喪，也很想嗆她說：「我把青春都浪擲在你身上了！」

「但是，為什麼又把這句話吞回去？」

這個問題的答案，比前面更殘酷、也更真實一百倍。其一，是因為我想到母親年經的時候，也為我們這樣付出；其二，晃眼之間，就這麼過了二十年，母親和我，一路走到彼此都再沒有多餘的青春可以浪擲，甚至連苟延殘喘的日子，都在倒數計時。

此刻，在歲月面前，手無寸鐵的我，還有什麼能後悔的呢？

在這漫漫長路的一步一腳印裡，我才終於明白：**唯有當自己全心付出，而不以對方的反應或回饋，作為衡量自己價值的標準時，我們才能在付出中體會到自己的成長與收穫。**

即使是最深刻的痛苦裡，都藏著最寶貴的禮物。等自己拿出最大的智慧，一一去拆解。

原來，沒有說出「我把青春都浪擲在你身上了！」這句話，不是因為你值得，而是我值得！不要把自己的付出，歸因於對方值得我這麼做，而是回到對自我價值有所珍惜與看重；才不會因為對方在接受付出時的表現，不如自己預期時，就開始貶抑自我的價值。

更何況，所有逝去的青春，都沒有真正的浪擲。那些沒品嘗的美食、沒觀看的電影、沒交往的友人、沒參加的應酬、沒啟程的旅行，並不需要遺憾與眷戀。因為我比別人，更不分晴雨晨昏地心知肚明，身處生命幽暗的隧道中，知道要如何與自己同行。

不必引頸期待盡頭的光亮，
而是全程摸黑著走，在伸手不見五指的當下，
卻清清楚楚看見自己的軟弱與勇敢。

耽溺的背後是孤寂

所有的沉迷，都是一種逃避

一個成熟的大人若已經擁有伴侶，卻還是沉迷於約砲、多P，甚至性愛成癮，這是怎麼一回事呢？通常，一般人聽聞這種案例，第一時間的直覺反應會是：他的內心一定很空虛。而這份空虛，往往來自巨大的壓力。值得深入探究的是：「正向壓力」會比「負向壓力」更容易令人沉迷。

所謂的「正向壓力」是指：無論個人領域或社會成就都很可觀，在不斷努力付出的過程中，缺乏身心靈平衡的指引；或是，力求突破更上一層樓，面對未知的恐懼時，不知道如何安頓身心。因此，而感到莫名的巨大壓力。

此外，之所以會導致特殊的性愛需求，有些時候也可能是正在面對「正向壓力」的當事人，藉此給自己的一種不為人知的獎賞。當獲得世俗中所有物質的鼓勵，在功成名就後，變得輕而易舉，此刻若缺乏靈性的引導或修為，轉向追求非比尋常的性愛刺激，就成為給自己千辛萬苦拿到世俗獎盃之後，最獨特的鼓勵。

這種「正向壓力」，會令人感到極端孤獨。通常只有跟當事人經歷過同樣奮鬥過程，才能體會於萬一。否則，難以望其項背的追隨者，根本無從了解這種壓力是怎樣的滋味。只會滿腦狐疑地質問：「怎樣，是吃飽太閒嗎？都已經功成名就到這個程度了，還有什麼好擔心的！」

另一種相對的所謂「負向壓力」，則是因為心理上充滿挫折而感到失意喪志，轉藉由僅剩堪用的生理發洩，想證明自己還可以。

不過，在社會愈來愈傾向功利主義的現今，若追逐世俗的成功標準，卻一事無成而萬念俱灰，還能靠著強健體魄的生理優勢，縱情於聲色的歡愉，除非被包養，否則還真是少見。

無論長期沉迷於約砲、多P、甚至性愛成癮，是哪一種壓力所導致，當事人的內心世界，都是很孤寂的。

更何況，造成沉迷於性愛不可自拔的原因，其實非常複雜，甚至有些心理學的研究還發現，性愛成癖未必與壓力有關，有時候是內分泌失調，或是受到個人的成長背景、文化、遺傳影響。

在某些個案研究中，兒童時期受到性騷擾或性虐待的陰影，也可能引發成年後的性愛癖好，不見容於正常的社會。

而且，如果只是喜歡約砲、多P，也不能直接跟性愛成癮畫上等號。有時候，它純粹只是個人追求一時短暫的刺激，只要沒有長期沉迷，或是對特殊方式性愛的黏著度，高到完全無法自我克制，都還算不上是成癮。

只不過，無論學術研究的解析為何，一旦發現對感情貌似忠良的伴侶，其實背著你，在外面還有其他超乎你想像能力及容忍限度的性愛需求時，不夠成熟的大人，總是會感覺到自己深深受傷。

若快速把對方不可理喻的性愛行為，解讀為背叛、變態、人渣，其實投射於內在的情緒訊息，很可能是：「難道我不夠好？」「為什麼我無法滿足他？」「為什麼我不配合他？」「為什麼我徹底被蒙在鼓裡？」所以接下來的作為，就是更負面情緒的反射動作。

如果能夠讓情緒的覺察走到這一步，或許完全不想再花任何心力去挽回感情或婚姻，但卻有機會因此而拯救彼此。因為，你除了看到自己的「不被愛」，也可以看到對方的「不被愛」；而且對方的「不被愛」，可能千萬倍地大過於你的「不被愛」。

怒罵、責難、報復、毀滅……即使明明知道，這樣做改變不了事實、解決不了問題，但就是想要逞一時之快，洩心頭之恨。然後，完全忘了該怎麼回頭處理，因為強烈感受到「不被愛」，而深深覺得受傷的自己。

你的「不被愛」，只起因於他的無法控制自己；而他的「不被愛」，卻是成長過程完全不受理智管控的身心糾結，並且可能終其一生都難以療癒，除非他自己願意。

你的震驚、憤怒、報復、毀滅，給了彼此一次驚醒的機會。你因為覺察到自己此刻「不被愛」的創傷，而有機會回來好好愛自己。但願對方也能因此檢視自己多年來「不被愛」的黑洞，然後發現再多的性愛刺激，都填不滿這個缺口，願意主動尋找心理或靈性專家，好好面對這個問題。

內心的空虛，
往往來自巨大的壓力。

最高明的報復

憤怒不平時，更要安放內心害怕被叛離的自己

關於復仇這件事，我向來是情義相挺的！

潔身自愛的好友單身多年，近半年被一個從網路上認識的男人，惡意欺騙感情，詐取金錢，從交往的第一天起，堆疊無數的黑人問號，終於在六個月之後破解。

一支短暫的戀曲，形成重情重義與薄情寡義的壁壘分明。剛分手時還忍氣吞聲，遵守傳統教導，以祝福成全代替怨恨咒罵。直到輾轉從社群平

台相關朋友的電子相簿，揭穿更多醜陋的真相之後，想報復對方的念頭，逐漸成為向好友傾訴失戀痛苦之餘的具體行動計劃。

就在復仇計畫逐漸成形，完美到可以立刻付諸行動，而且確保可以懲戒對方、又不會洩漏自己的時候，好友卻臨門一腳出現遲疑的聲音：「不是聽說，所有投擲出去的意念，都會像回力鏢那樣，轉了一圈又回到自己身上嗎？」讓這項由大家一起共襄盛舉的完美復仇計畫，最後功虧一簣，陪葬在那段辭世多日的感情裡。

「有仇不報非君子！」「應該教訓對方，讓他不敢再去害別人！」「給他一點顏色看看，至少要求他道歉！」「這口怨氣，不吐不快啊！」「難道分手後，你還要自己痛苦，任他逍遙！」此起彼落的議論紛紛，我都可以附議。但回顧所有的人生哲理、靈性學習，如果「你給出去什麼、最終就得到什麼！」明明是牢不可破的定律，那麼，所有被辜負的、遭遇被對方背叛的人，如果連報復對方的念頭都不可以，又該如何自處呢？

報復對方，確實讓自己心中充滿仇恨；不報復對方，自己又嚥不下這口氣！好友能量靈媒YOYO老師，在此刻給了建議：「就恭請上天幫你主持公道！讓那個背信忘義的人，得到他該有的懲罰吧。」那位朋友照著做了，把想跟上天說的話，打字列印在紙張，趁著子夜焚燒，上達天聽。據說，此後的心情變得很平和，靜待上天執行。

關於報復，有時候一個足以療癒身心的儀式，會比真正付諸具有破壞力的行動，更重要、也更有效。所以，千萬不要在氣急敗壞中，情緒淹沒理智，做出傷己害人的事。

聽完這位朋友的真實故事，我們都開始自我反省，深刻檢討自己為什麼在義憤填膺之際，差點成為正義魔人？

原來，表面上我們為了表達對朋友的情義相挺，都急著替天行道；在這個過程中，往往忽略了內心裡，隱藏著一個同樣害怕被辜負、被叛離的自己。於是，用挺身而出的復仇計畫，去伸張正義，試圖消弭內在的恐懼。我們之所以樂見復仇，是藉此告誡其他人：「小心啊，看到沒有，你若膽敢欺負我，下場也就是這樣！」

可是，無論時間經過了多久，復仇計畫是親力親為、或交給上天執行，最後就算那個該被懲罰的對方，下場奇慘無比，我們就真的快樂了嗎？當時被他傷害的創傷，就能因此而痊癒嗎？猶如命案被害者的家屬，一心要求法官對兇手處以極刑，以命換命之後，有可能出了一口怨氣，但失去的摯愛，並不會因此重新回來。

所以，**報復對方的意義與價值，究竟是什麼呢？仔細想想，會不會就只是抒發那一口怨氣而已？或再深度省思，可能是為了解除下一次自己會繼續受害的恐懼。**

報復對方的意義與價值，究竟是什麼呢？可能是為
了解除下一次自己會繼續受害的恐懼。

幾個月前，我在深夜回家的路上，被一位歹徒挾持，他因為走投無路，而以「同歸於盡」之名，試圖對我恐嚇錢財。事出突然，我雖感到驚嚇，但為了能夠平安脫身，還是盡力鎮定以對。

或許是急中生智，拿出我在心理諮詢領域學到的對談技巧，先撫平他的情緒，等他冷靜下來後，幫助他尋找社會救助的管道。就在他鬆開手的那一刻，重獲自由的我，也重新認識自己的憤怒與恐懼。

後來，我還是親自到警察局「備案」，而不是「報案」。「備案」只是讓警方能針對已經發生的事情，掌握可能的線索，加強安全措施；若「報案」，對方會吃上官司，恐嚇取財未果，坐牢幾個月出來後，可能淪為更弱勢的族群，為解決經濟問題鋌而走險。

「原諒，是最好的報復！」「把自己過得更好，是最好的報復！」類似的話，我聽過無數次，自己在文章中寫過、在演講時說過，但經歷過更多真實人生事件後，會覺得這些安慰的話語，確實有它的勵志效果，也是真理，但對於正處於煎熬中的受害者來說，並不足以立刻消除內心的憤怒與恐懼。

我們會想要報復，是因為自己真的過不去。甚至，怨恨自己為什麼這麼沒用，被一個爛人所傷。除非，我們可以試著脫離自己是唯一受害者的角色，去想想其他比自己更需要幫助的人，可能是加害者本身、也包括接下來其他可能的受害者。這是切斷惡性循環鏈結的唯一截點，也是翻轉復仇意念，變成正向行動的解方。

到現在我依然堅持有仇必報，但在復仇的方式上，顯然可以有更智慧的選擇。與其急著替天行道，不如盡力安頓好內在不安的自己，再請上天為你主持公道吧。

愛情是無盡的旅程

愛過未必幸福，但不付出就難有成長

朋友說，每次在市街道路、或偏鄉角落，看到超過八十歲老夫老妻，握手扶持彼此，講話輕聲細語，眼神深情交流……都會很感動，你也會嗎？

如果會的話，有以下幾個可能的意義：這景象稀有且難得、跟你爸媽狀況大不相同、其實你也懷疑自己將來能否有此際遇、或你非常羨慕而心嚮往之。

但你不用過度感傷或期待，其實大多數的伴侶，在有情人終成眷屬的不久之後，能夠不反目、不惡言、不怨懟，在千瘡百孔的婚姻生活中，忍辱負重過完這一生，就已經夠了。

觀察到愈多伴侶，愈發現這個殘酷的事實，能夠一秉初衷，如膠似漆，執子之手，與子偕老，多半靠的不是個人的努力，而是彼此的際遇。

好的緣分，是天注定；碰到孽緣，難道只能自求多福？如果真正想得到幸福，要靠先天的善根或後天的祈禱？當濃烈的愛情走入婚姻的制度，究竟是本然就會有這些令人失望的殘酷結果，或是人性的現實，始終經不起真實人生的重重考驗，才會導致離婚率愈來愈高、留在婚姻裡的怨偶愈來愈多呢？

為什麼愛情會在婚姻裡無以為繼的原因，我思考了幾個原因，與你分享。

其一是**誤以傳統的「目標導向」結婚，卻忘了愛情是一場無盡的旅程。**

如果把「結婚」當成戀愛目標，就自動自發地走上「婚姻，是愛情的墳墓」一途。其實，經營感情就像是健身，努力「增肌減脂」到達理想範圍，必須要有繼續維持的動力，培養成習慣，日復一日地堅持下去，才不會稍有鬆懈就功虧一簣。

結婚，不是戀愛的目標。頂多，只是拿到兩個人有意願共度人生的門票。從戀愛到結婚，不能像是登山攻頂，以「我來了！」、「我看到了！」、「我征服了！」為榮耀。

否則，你很容易因為達到艱困的目標之後，就立刻鬆懈掉。除非你秉持著一山還有一山高的心念，戒慎恐懼地終於登上珠穆朗瑪峰，你就會更相信我說的，因為幾乎所有攻頂後安然歸返的登山客，都在過程中學會感恩與謙卑，臣服於大自然的力量，而很少自傲地歸功於本人體力好、技巧高。

其二是**熱戀的時間太短，而需要煎熬的歲月太長。**熱戀期間太短，頂多就是十八個月，靠著生理的費洛蒙維持；而人生有機會要相處到八十歲，這麼長的日子、這麼多的磨難，若彼此沒有足夠的福氣，緣份很快就消耗光了。

美夢很快變成惡夢，只需從床頭翻滾到床尾幾回。一旦碰到冥頑不靈的對象，任你有多少智慧、有多好修養，一切努力都是枉然。

其三是**聚焦於向外看的物質，完全忽視內在心靈的可能。**來到柴米油鹽醬醋茶的真實生活，「貧賤夫妻百事哀」的折騰，很容易讓彼此心力交瘁。雖然這是唐朝的元稹，為紀念原配愛妻韋叢而寫的詩句，並非針對貧窮的抱怨文，而是懷念她生前勤儉持家，生活不寬裕，卻溫馨甜蜜。但其實韋叢下嫁時才二十歲，婚齡七年就因病過世時，元稹當時已經熬出頭，升任監察御史。

若身處現代時空，經濟有壓力、職場不如意的伴侶，為生活奮戰七年而未能改善現況，就很難繼續維持結婚之初的幸福感啊！

看到這裡，你可能會對愛情與婚姻不容易感到樂觀，但也不要因此而放棄所有內在心靈該有的努力。

因為寫了很多跟感情關係與人際相處主題相關的作品，我深信——

學習如何經營感情，未必能帶來質量更好的關係，但可以保證的是：絕對會幫助你個人成長，以便於有一天你帶領自己回到靈性的道路上，有足夠的眼光、能力與智慧，辨識出那個命中注定要陪你一起修行此生課業的人，不會再錯身而過。

人生遙迢路長，從遇人不淑「彼此折磨，各自承擔」，到碰見對的人「彼此陪伴，共同承擔」，青絲已變白髮。就算兩人最後是連爭吵都疏懶，或進階到恩愛如常，至少無怨無悔，有幸則在所剩無幾的餘生脈脈含情對望，無論誰先撒手人寰，最後一刻都能以慈悲之心感謝對方！
至於來生，就不必多想。但願功課做完，兩兩相忘。

經營感情就像是健身，
努力「增肌減脂」到達理想範圍，
必須要有繼續維持的動力，
培養成習慣，日復一日地堅持下去，
才不會稍有鬆懈就功虧一簣。

該甩不甩，最後被甩

時間無法解決任何事情，而是自己能否設停損點

最近這幾年來，對居家空間裡多餘的物品「斷捨離」，幾乎已經成為民間顯學。無論你是否能夠完全徹底做到，但至少會參考這個觀點，或願意努力看看。

但是，比起對物品「斷捨離」，更難處理的是無形的東西，例如：一份不適合自己的工作、一個不適合自己的戀人、一段不適合繼續的關係……你是從哪個時間點開始發現不適合？發現之後又做了哪些努

力？是想辦法調整到彼此可以接受、或是乾脆快刀斬亂麻呢？偏偏，大多數的人都是什麼也沒做！既沒有積極努力去調整到彼此可以接受，也沒有快刀斬亂麻，而是默默忍受。看似「無為」，其實內心非常糾結。

無論面對的是討厭的工作、對象、關係，之所以離不開，卻又無所作為，並非真正無所謂，而是一種我在近年輔導的諸多個案中發現的現象，我把它之為**「大人童話症」——明明已經看遍世態炎涼，卻又因為不願面對現實，而刻意讓自己彷彿停留在幼稚無知的狀態，然後假想自己還在等待童話中的奇蹟出現，渴望最後王子與公主終於幸福度過下半生。**

然而，已經成為大人的我們，畢竟跟少年時期已經有很大的不同。涉世未深的時候，對於工作、對象、關係的認識與了解，可能需要一段比較長的時間，也常容易誤判。但長大以後，無論是基於豐富的經驗、或是主觀的意識，都會比較快速地憑直覺判斷出，到底是不是適合自己。

於是問題就來了：既然覺得不合適，為什麼不離開？

有位剛過三十三歲生日的輕熟女，非常期待婚姻，自己覺得有時間壓力，因為她希望在三十五歲前結婚。日前在網路上碰到一個男人，約會一個多月就發現對方是渣男，朋友都勸她要斷然分手，她卻做不到。理由是：對方個性雖渣，但還沒有犯下非分手不可的大錯。

直到半年以後，她居然被甩了。而且原因很殘酷，因為對方公然劈腿，同時交往另一個女友，而且她就是被那個後來才被扶正的第三者逼退。

失戀後，她透過朋友介紹，來到我的療心室，試圖修復受傷的自己。我們見面聊不到五分鐘，她就自己界定了需要療傷的主題：「該甩不甩，最後被甩！」

她說，很多朋友都直接把這個問題歸咎於：心軟！但畢竟這樣的說法比較抽象，而且也不容易讓當事人有所具體的覺察，以便日後可引以為鑑。

若要具體分析，我認為是她還懷抱著最後的一點希望。換句話說，也就是她一直秉持著當初遇見對方，進而決定要交往的初衷，在尚未完全幻滅之前，哪怕再苦再難，都願意給對方機會。就算渺茫，也比完全絕望，還要更能讓自己有個寄託。

尤其是**對一個已經孤單很久的人來說，一旦陷入熱戀，就很不想再回去過從前那種一個人孤單的生活。而且，過程中的虐心，是會激發潛能的。愈是痛苦，愈覺得愛很偉大。於是下場就是：只能被動地等待緣盡情滅。**

但更慘的卻是，本來明明可以設定停損點，主動提出分手的，卻因為投鼠忌器、瞻前顧後而分不了手；最後就會變成「被分手」！回頭再看，就是自己一味地，攀緣強求！

這個埋藏在真實故事裡的啟示，幾乎可以應用在所有不適合的工作、對象與關係中。回到之前的提醒：你是從哪個時間點開始發現不適合？發現之後又做了哪些處理？

我們都是大人了，別不負責任地說：等時間來解決。其實你我都深深知道，時間沒有辦法幫我們解決任何問題。那只是推託之詞而已。

時間，甚至沒有辦法幫我們淡忘任何傷痛的回憶。那些因為傷心而刻印在心底的人與事，只會像年輪般隨著歲月增長而更堅實強壯。

除非自己願意主動做出改變，才能真正療癒這些深刻的創傷，消除內在的痛楚。

無論你是為了感情或工作的事情、也不管你已經拖延多久了，現在就是一個決定自己要如何面對與處理的時刻！倘若你不主動做抉擇，到時候就很可能被對方斷然切割，屆時不僅要面對失去的損失，還會有被甩掉的羞辱感，這將是雙倍的難過。

所以，就算再痛苦，也要主動切割，至少拿回主導權的優勢，保住自己最後的尊嚴，在面對未來的人生，能夠多一點信心。

時間，甚至沒有辦法幫我們淡忘任何傷痛的回憶。

//

那些因為傷心而刻印在心底的人與事，
只會像年輪般隨著歲月增長而更堅實強壯。

習慣一個人

是享受單身嗎？還是防衛心？

對你來說，一個人，只是一種狀態、一種理想，或是一種志願？心態不同，固然會影響你未來脫單的可能性，真正關鍵的原因是：你是不是「真的」已經習慣了，就自己一個人？

你是「習慣一個人」，或執著於很多「一個人的習慣」？根據找我諮詢過無數個案的研究，結論是：**無論你是單身、或有伴侶，會妨礙你幸福的，並不是你已經「習慣一個人」，而是你過度堅持「一個人的習慣」。**

你一定看出來了，我在本文開頭第一段文字「真的」前後加了強調語氣的引號，後面還帶了你可能以為是繞口令的說詞：「習慣一個人」與「一個人的習慣」，這不是在玩文字遊戲，但裡面確實暗藏玄機。

不妨仔細想想，身處單身狀態的你，是真的享受單身嗎？還是一種自欺欺人的防衛心，表面上好像可以一個人過下去，其實心裡充滿想要另一個人陪伴的渴望，但也恐懼再也找不到可以相陪的對象，掩不住內心的失望。

既對未來遠景抱著渴望，卻在每一天的現實生活中感到失望，這對單身的人而言，是一種無法言喻的痛苦。幾乎是說不出口的難堪，於是故作堅強地說：我不需要人陪，我一個人也可以過得很好。

其實，沒有錯啊，每個人都可以在單身的狀況下自處，問題是所謂的「過得好不好」，都是比較出來的。當那個你以為可以陪你一段的他，還沒有出現的時候，根本無從比較，只能靠想像去研判，然後得到以下三種結論：一、我目前這樣一個人也很好；二、如果身邊有個對的人相陪，一定會更好；三、真愛難尋，若碰到錯的人，肯定比現在糟糕。

正因為第二點、與第三點，都是憑空想像的，所以很容易自以為是地說服自己停留在第一點：我目前這樣一個人也很好！但這個好，未必是個事實，有時候它只是一種自我安慰的結論，因為當午夜夢迴時、當你需要一個可以靠著哭泣的肩膀時、當你有很開心的事情需要分享時、當你有很多話需要傾訴時……你其實都知道，一個人並沒有那麼好。

所以我常勸勉身邊跟我一樣單身的朋友、也在午夜夢迴時深深告誡自己：單身，只是目前的一個暫時的、或可能會繼續下去的狀態。它未必是一個理想、更不要是一種願望。

一個人，可以是一種狀態、一種理想，或一種志願。
但你是不是真的已經習慣了，就自己一個人？

單身比較好的狀態是，讓自己處於：要活得很有彈性，對於「擁有一份親密關係」盡可能維持「進可攻、退可守」的自我優勢。沒人陪伴時，可以自處；有人相伴時，也可以好好與他共處。

這份體認、與這個能力，得來不易！絕對不是說說而已。它，需要很多的自我鍛鍊，除了是一種能力，也是一個度量。

所謂的能力，包括經濟的基礎、與生活的自理。關於柴米油鹽醬醋茶的瑣碎，這些已經無需贅言了。而所謂的度量呢？恐怕是最大的問題，也就是——當你漸漸習慣一個人之後，會不會過度堅持一個人的習慣？

如果，答案是很肯定的「會」！那……容我下一個殘酷的結論：你將很難脫單。除非，**你在渴望脫單的途中，也得慢慢一件一件脫掉那些「一個人的習慣」！**

倘若你無法脫去這些「一個人的習慣」，即使碰到對的人，這段關係很快地也會演變成錯的結局。

就拿幾件生活中很現實的事情來說吧。

如果你已經非常習慣一個人睡雙人床，即使是king size的大床，都很難擠得下另一個人。別說是打鼾了，連他沉睡時的呼吸，都會讓你在半夜的夢醒時分感到驚魂。

如果你已經非常習慣一個人吃飯，不想跟另一個人在「滷肉飯」和「義大利麵」的選擇之間，有任何的猶豫和妥協，你一定很明白那種為生活小事而意見不合的隱忍與疲累。

更嚴重的是，如果你已經很習慣一個人的自由自在，不需報備行程、不必深夜等門、不用預約時間，等你開始進入兩個人的狀態時，對方的牽掛、想念、詢問，都會變成你的負擔。接著，就是彼此的爭吵。

請保持彈性，
讓自己「樂於獨處；也善於相處」。

這時候你才開始認清自己是一隻習慣飄盪的鳥，可以隨處棲息在任何一個地方。而那棵渴望著要你固定下來的樹，則成為你此生最大的羈絆。

一個人，不簡單；兩個人，更難！認清這個事實，你會對自己長期留在單身，而感到公平，也會對別人的成雙，有些禮敬。

如果，在兩個人的關係裡，你活得愈自在，他就愛得愈失落，這樣的陪伴，很難維持。反之，亦然。以這個邏輯類推，單身最大的艱難，將會是：一直無法「習慣一個人」，卻累積了很多「一個人的習慣」，於是愈渴望脫單，就愈是加倍困難。

如果一天，你有幸碰到一個願意跟你相守的人，拿出具體承諾之前，不妨先好好檢視自己，在長期「習慣一個人」之後，究竟累積了多少難以撼動的「一個人的習慣」，堅持到連自己都不諱言有點龜毛的原則，讓對方非得委曲求全，才能跟你相處？

而有伴侶的人，最大的夢魘，則是：其中一方很願意放棄自己「一個人的習慣」，而另一方卻還是比較「習慣一個人」。

容我再另以工作舉例，或許你會更明白這個事實有多殘酷。有一個朋友，失業兩年多，好不容易找到工作了，開心不到一天，他就告訴我：「七點起床，八點出門，趕九點上班，真是匆忙到無法想像，快撐不下去了！」

別人的日常，是他的為難。

那，你真的還「習慣一個人」嗎？或只是有太多「一個人的習慣」？

如果你正處於單身，請保持彈性，讓自己「樂於獨處」；也善於相處」；

假使你已經有伴侶，就請你在脫單之後，也漸漸捨去太多「一個人的習慣」，否則你的另一半對你的成全，不是讓他漸漸罹患憂鬱症，就是成為他此生最偉大的修行。

愛到深處，卻無以為繼時，別說情緣太短暫，有可能只是你沒有戒斷某些「一個人的習慣」！

單身，只是目前的一個暫時的、或可能會繼續下去的狀態。
它未必是一個理想、更不要是一種願望。

輯 四

遠行看見人生風景

第二名的人生

可以退讓、可以成全，卻不能讓自己覺得不勇敢

永遠當第二名，享受退而求其次的謙卑，在小小的遺憾中，也有著大大的安心。既已經和優秀實實在在沾到邊，卻不用像第一名，永遠站在最前面，承擔被嫉妒的壓力，還要不斷擔心下一次會不會被趕上。

這是我聽完熟女朋友的愛情故事後，為她的人生哲學所寫下的註解。她從年輕時候到現在，所談的戀愛模式，都是很認真、很付出，最後也很有風度地祝福。因為都是在剛要論及婚嫁時，被另一個女生橫刀奪愛，

男方在百般道歉後，竟要求可以繼續做朋友。而她，也從善如流，甚至，因此淪為他們的小三。

不只一次、兩次，而是累積了三次，都是這樣的結果。她的愛情履歷，讓我想到自己求學期間的慘狀。

從國中放牛班畢業，重考高中後，剛從學習谷底脫困出來，非常缺乏自信。雖然很努力地想要力爭上游，每天自動留校晚自習，搭最末一班公車回家。每次考試，幾乎把文史科課本內容都背下來；數理科，則做遍參考書上的考古題與練習題。成績終於如蝸牛爬步那樣，漸漸向上進步。

有一次月考，居然考到第二名！

老實說，我有不可思議的開心；而且，很慶幸是以極其些微的分數，沒有考到第一名。儘管很多理論都說，第二名是一個最容易令人感到遺憾的名次；因為只差一點點，就可以拿到第一名了。但，它令我感到心安。

第二名，是一個距離冠軍最接近的位置，也是一個丈量競爭最可惜的落敗。有些人很可能和年少時的我一樣，無法完全脫離自卑心態，只要能夠拿到第二名，就已經感到心滿意足，完全不敢奢望自己可以獲得第一名，也忘了去檢討自己，是不是努力不夠、方法不對，只願承認運氣不好。然後，非常安心地躲在第二名的舒適圈裡。

老實說，**如果很認分、也很安心，永遠窩在第二名的舒適圈裡，並沒有什麼不好。可以盡情享用退而求其次的人生，不必因為爭強好勝而逞兇鬥狠、不必因為出人頭地而得失心重。證明自己已經努力過了就好，名次並不重要。**

你可以安於第二名，但就是不能有一丁點兒的埋怨或遺憾，也不能因此而自卑地覺得自己不如別人。你可以退讓、可以成全，卻絕對不可以讓自己認為不勇敢。

人生，總有某些角落裡、某個領域中、甚至在某個人心底，你就是最獨特的第一名！

例如，你可能是父親唯一的女兒、太太唯一的丈夫、戀人眼底唯一的伴侶、社團唯一的領隊、某項技藝中最厲害的人。一旦站在第一名的位置，就不能再用第二名的思維與行動應對。

此刻，你責無旁貸、難以迴避、不能逃離！在那個位置上，你不可以謙讓，一定要成為最閃亮發光的自己。

永遠當第二名，享受退而求其次的謙卑，在小小的遺憾中，也有著大大的安心。

打賞心理學

越是能敞開心胸對人付出，就能獲得滿盈的回饋

陪媽媽去公園曬曬太陽，偶爾遇見街頭藝人表演，她都會要我拿出百元紙鈔，投放至打賞箱裡。有一、兩回我動作慢些，她就急著要從自己口袋深藏的棉布手帕包裹中掏錢。幾次經驗下來，我知道她的習慣，也會跟著照辦。但老實說，回想幾年前，第一次碰到這個情形時，我是有點驚訝的。

母親屬於老一輩那種省吃儉用的台灣婦女，除了日常居家該有的基本開

銷，其他任何支出都覺得不必要。即使忘了帶水壺出門，買個瓶裝水，也會被她制止說浪費錢。這種連一首歌都還沒聽完，就要急著要打賞的舉動，起初讓我深深不解。

問媽媽說：「怎麼捨得啊？」她開開心心回答：「人家這麼辛苦唱歌給大家聽，也要練習很久吧！表示一點心意，是應該的。更何況，唱得很好啊！」

我試著從簡單的話語中分辨，她究竟是基於同情對方的辛苦、或是出自賞識而給予肯定，似乎兩者兼而有之。

畢竟，她這一生也是苦過來的人，熬過二十幾年的病痛，什麼事情要看重、什麼事情要看開，自有分寸。反而，是身為照顧者的我，總有機會在她不同階段的改變中，見識生命的轉機與圓融。

打賞機制，自古有之。

我猜想，在藝術行銷尚未成熟地走進售票制度之前，多數藝人必須靠打賞維生。跨領域看看西方的餐飲業的服務生，部分收入要靠客人給小費的文化，有點異曲同工。

時至今日，網路直播盛行，打賞就快速從實體通路竄入虛擬世界，建構起另一種產業的鏈結。加入直播行列已經五年的我，對打賞文化的體驗特別深刻。

儘管愈來愈熟悉網路直播節目打賞的運作模式，知道該在什麼時候、針對哪些受眾、使用何種話術，可以衝高直播時的打賞績效；但愈是深入這個竅門，懂得許多技巧，就愈不願意輕易套用。

並非故意跟自己的收入過不去，而是希望透過彼此自然的反應互動，不要淪為刻意的單向操弄。

累積豐富在直播中被打賞的經驗，我發現：願意主動打賞的受眾，大約都是固定的族群。

他們之所以從免費欣賞到付費打賞，通常基於下列幾個原因：一、真心喜歡這段影音的內容；二、認同這是具有價值的付出；三、自己也不喜歡被別人虧待。其中的第三點，是人性中非常奧妙的一部分，也特別值得令人尊敬。

就像在公園廣場，圍觀街頭藝人表演歌唱，網友也是在電腦或手機前，接收直播主提供的內容。若不喜歡這段節目，就會轉身離開、或立刻下線，這愛惡分明的反應，都是很直接的。

相對地，如果非常喜歡、而且黏著度極高的受眾，長期抱持：我就是只要「免費欣賞」、或我必須「付費打賞」，兩種不同的心態，正好對照出截然不同的價值觀。

總以「免費欣賞」心態前來，而從不付費打賞，就算形式上再認真參與，內心深處的念頭，其實也只是看看而已。其中，**有些人是因為認為本身經濟條件不佳，總覺得自己付不起、承擔不起，而投射出一種匱乏的價值觀，常在真實的人生中形成惡性循環。愈不願意對別人付出；自己就愈不容易得到。**

經常願意「付費打賞」的人，未必是最富裕的；但他們比較重視公平性與對價關係，願意以自身微薄的力量，去支持一件自己有熱情參與的事情。即使現階段的人生未必事事如意，卻總能夠對未來抱著美好的想像與希望。

從心理學的角度來看，這一群人更值得被疼惜、被尊敬。往往他們在現實生活中，可能是常常被虧待的。他們對別人不求回報地付出很多，而對方也真的就理所當然接受了。
雖然他們與別人善意交流的期待，並不至於因此而落空，但這會讓他們更重視對其他人的付出給予肯定，也可以說是一種補償的心理。
若用這個角度，重新理解打賞的意義與價值，再回過頭來看看在公園聽不到半首歌就急著打賞的母親，我既感到心疼、也有點愧疚。
從戰亂貧困的童年，到繁華盡落的老年，但願她被虧待無數的青春，在打賞的歌聲裡得到些許的療癒。
當她終於可以付出微薄的心力，去鼓勵陌生人的時候，或許她也可以因此而肯定了自己。

//
愈不願意對別人付出；
自己就愈不容易得到。

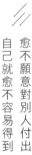

平衡靈性中的金錢議題

戒斷匱乏心態，才能創造安全感

人生的問題，有很多面向。若是懂得靈性的修為，把這些問題逐一追根究底，其實會發現許多問題的核心癥結，都與金錢有關，只不過它會化身為不同的形貌出現。如果你只是頭痛醫頭、腳痛醫腳，很難徹底解決。相對地，只要及早確定某些問題，是來自金錢的阻礙，就能比較快獲得全面性的解決。

舉例來說，在感情世界裡要求門當戶對，它很明顯的是金錢議題。但當事人可能還以為，這只是「家長反對」「生活習慣不同」「學歷有點差距」。然後把解決問題的焦點放在「說服家長」「調整生活習慣」「進修更高學位」，即便到最後都努力做到了，但在日常相處中，彼此依然會因為價值觀不合，處處有摩擦，甚至走上分手一途。

靈性中的金錢議題，常以「匱乏」的樣貌出現在現實生活裡。但他**真正欠缺的未必是金錢，而是對未來沒有足夠的安全感**。你可以說，是自信不夠，但光是用自信來解釋，卻有點空泛。因為，我們必須先找出不夠自信的原因，與金錢議題的連結，才能解決這些匱乏感。

這讓我想起一個個案。有個二十九歲的男生，大學多次延畢，後來又兩度進出不同科系的研究所，對自己前途發展感到茫然，夜夜失眠到需要就醫求診的地步。

包括家長和他本人都誤判，以為他的問題出在：不瞭解自己真正的興趣，才會在求學的路上摸索這麼長的時間。每次求學路途轉彎之前，他都認為自己已經撞壁。可是他和家人都忽略另一個事實，他並非不會讀書、不善考試，雖不是每一個科目都名列前茅，但至少成績都還過得去。

經過幾次討論，陪他找到問題的癥結是：從小家庭環境優渥，財富豐盈到某種程度之後，給他帶來兩個後遺症：一來不識民間疾苦，二來沒有賺錢的動力。所以他在自己也沒覺察的意識中，才會一再迴避「從學校畢業之後必須踏入職場」這件事，從二十幾歲開始，就以「延畢」「換考不同研究所」來緩和自己面對未來現實的人生壓力。

再更深一層研究，他在靈性中的金錢議題，來自從小就看到父母忙於工作賺錢，忽略家庭生活照顧，而把「工作」和「金錢」直接畫上幾乎百分之百重疊的等號，無視於工作除了賺錢之外，還有自我成就與利他的深層意義。

若按照這邏輯推演下來，因為家裡不缺錢，沒有急需賺錢的壓力，也就不必步入職場工作，表面上看起來，好像道理可以成立；但因為在真實的人生裡，**工作的真實意義，絕對不會只是賺錢而已，還有個人在工作過程中的學習成長，通過種種挑戰後獲得自我肯定與成就感**，也可能因此而產生利他的因緣等，這些人生寶貴的學習課題，若因為選擇了「不工作」而直接被放棄，就非常可惜了。

有很多年輕朋友即使年過三十，都還陷在「因為找不到真正興趣，而無法熱愛工作」的五里霧之中。於是，開始陷入惡性循環——愈找不到興趣，就愈不能投入工作，薪資待遇就愈低。

身處現今社會，稍稍敏感的人都可以發現，所謂的世代交替，也存在於財富的斷層。主要原因都是無法透過工作，發展出完整的自我價值，甚至連收入都長期停留在低薪或無薪的困境。若家裡經濟背景還可以，就暫時充當啃老族；如果沒有家產可供揮霍，很容易淪為仇富。

直到經歷很多心靈的煎熬，以及物質的匱乏，最後才回到最核心的金錢議題，重新面對自己，拋開過去意識層面習以為常的認知，拿掉那些不肯面對真實自我的藉口，清除過去錯誤的人生價值觀，看到生命中真正的豐盈與愛，才有可能做出重大的改變，投入「錢」所未有的熱情，活出嶄新的自己。

真正欠缺的未必是金錢，
而是對未來沒有足夠的安全感。

能承擔的，也能承讓

貴人是需要培植的

能得到貴人相助，是很幸運的事！但之所以有貴人相助，並非只是關乎運氣而已。上輩子，是否有修練到可以得到這種好處，我們既無法得知，也沒能改變；倒是今生的此刻，你還來得及為自己培植貴人，在追求成功的路上，助你一臂之力。

先回到問問自己的人生哲學，是：「凡事都要靠自己」、或「有事盡量找別人幫助」呢？看到身邊有些朋友，經常得到貴人相助，替自己省略掉不少勞苦，你是只有羨慕忌妒的份、或是也會想要見賢思齊呢？

之前為了出版新書《再難過，也終會度過》時，能和讀者有更深度的互動，我特別以心理學的理論基礎，設計了一個非常精準的心理測驗，讓讀者上網自我測試，之後可以透過電腦程式，獲得專屬於自己的雷達圖，以及解析與建議。

在幾次讀者見面會時，也有很多讀者，拿著他們做完心理測驗所獲得的雷達圖到現場，請我當面做一對一的諮詢。

很有意思的是，截至目前為止，在我所看過數以千計的讀者，所做完心理測驗結果中，我發現每一個人所獲得的雷達圖，都非常的獨特，很少看到完全一模一樣的組合。但確實會有幾個大致的類型，讓我特別印象深刻。

例如，有一種類型的讀者，在面對人生的困境時，幾乎都只靠自己一個

人的力量去面對及處理。他們對自我的期望很深，責任感很強，但卻並不輕易向別人求助，也不會善用身邊可以利用的資源。

而且很特別的是，有這樣性格傾向的人，通常在家裡排行老大、或是自己感覺比較不受父母寵愛，從小到大都覺得不能辜負別人的期待，求人不如求己，凡事都要獨力承擔，甚至覺得依賴別人是可恥的事。

秉持這樣的心態與性格處事，通常會呈現出兩種特質：一種是非常負責盡職；另外一種則是，常常因為過度獨立，而在需要幫助時，特別感覺孤立無援。

所以在埋頭苦幹的同時，別忘了偶爾休息一下，抬頭挺胸面露微笑，看看周遭有哪些人可能會幫到你，請勇敢向他們招手。

你不妨主動提出你的需求，邀請對方提供資源協助。這個想法對你來說，或許有點唐突，心裡會浮現一個因為害怕膽怯而勸阻的聲音說：「怎麼可能，我和對方非親非故，他怎有可能願意幫助我？」

其實這並非純然是心理障礙，就現實層面而言，確實是一個顧慮。**所以你一定要把自己先打理好，至少讓自己看起來很積極、很正向、很勇敢、很熱血，而且有備而來。**

「凡事都要靠自己」的想法並沒有錯，也是一個人在追求成功時，很重要的基礎，但是也很容易因此忽略，經營人際關係所可能帶來的好處，也就是透過別人的協助，更輕鬆愉快地拿到自己想要的成果。

只要你願意試試看，就會發現很多已經很成功、或是手邊擁有資源的人士，都很樂意提攜後進，以「過來人」的資歷與經驗，去成全一個有理想、有抱負的年輕人。

但即便如此，你也不能將對方當成「工具人」！即使他不求回報，你最好能夠在接受幫助的同時，主動為他效力、或事後表達感謝，以免貴人最後又變回陌生人、甚至是仇人。**人生很長，千萬不要把貴人用後即丟，否則最後受傷的會是自己。**

在埋頭苦幹的同時，
別忘了偶爾休息一下，抬頭挺胸面露微笑，
看看周遭有哪些人可能會幫到你，
請勇敢向他們招手。

退休，不只要規劃金錢

匱乏會招引匱乏，唯有富足心靈才能豐盈人生

偶然在社群平台，看到一位才四十幾歲的朋友，生活風格有很大的改變。他過去很少貼文，最近開始大量張貼吃喝玩樂的圖文。我好奇地往下多滑幾頁，找到改變的關鍵：原來，他提前退休了！再繼續下拉，閱讀幾篇短文，雖然沒有完全明著講，但幾個關鍵字已然說明他是「被迫」、而且「突然」離開職場。

老實說，他的應變能力，非常令我佩服。而且，看起來他確實很快將自

己的生活，做出彈性的調整，無論是日常的節奏、內在的心態，都很快適應新的人生階段，即使明知無所事事，也能開始「沒事找事做」，還樂在其中呢！或許，有人看到他的遭遇，會感到不捨與心疼！我最常聽見的評論是：「好可惜啊！」「畢竟還年輕。」「距離一般六十五歲退休，少賺好幾年的錢。」「這樣會不會坐吃山空啊？」「生活一定很無聊吧？」

每個人的日子，無論好壞，都是自己在過的，也只有自己心知肚明。與其瞎操心這些別人退休後如何的事情，既幫不上對方的忙，也未必對自己有任何幫助。不如借題發揮，問問自己：該如何定義自己的退休生活？

其實類似被迫提早退休的網路日誌愈來愈多，引起的迴響與討論也很熱烈，反映出大家對退休生活，是有點恐慌的。

我從事企管顧問工作，最近這幾年和幾家不同的金融機構合作過，發現幾乎每一家銀行業者，為了增加業務的拓展，都開始重視「退休規劃」這塊市場大餅，並且很刻意地把目標市場的年齡層往下延伸，從五十歲、降到四十歲、再繼續降到三十五歲。

因此造成一個現象、或許也是假象，就是連剛踏入職場沒幾年的年輕人，都開始做退休規劃了，而且都是聚焦在於累積退休金。還嵌入非常專業的詞彙：「替自己創造被動收入！」表面上是未雨綢繆；但未必真正符合人生實境。

「替自己創造被動收入！」聽來固然可喜；問題是：難道努力靠自己主動付出，而等比例帶來該有的酬勞，踏實努力地，活到老、做到老，就會是傻瓜？

不久之前，我認識了一位三十七歲的輕熟男。在資訊行業工作，薪資還算不錯。但過去幾年來，幾乎沒有存到錢。他自我剖析，說是交了一群比較「虛華」的朋友。假日活動則是逛街、購物、吃美食。一有連續假期，就去鄰近的日本、泰國旅行，很快就把錢都花光了。後來因為新冠疫情的影響，有機會藉由改變生活的型態，讓自己有點危機意識，才開始想要存錢，以備將來退休之需。

從正向的角度來看，這未嘗不是一件好事。讓年輕朋友從一開始賺錢，就開始知道要存錢，甚至，很多金融性商品，都是針對「月光族」「啃老族」進行良性勸說，鼓勵年輕世代定期定額投資理財。這些做法，固然立意良善；但在我看來，還是有些小小隱憂。

第一個值得留意是，這一類的退休規劃，動機都是從「恐慌」開始，害怕老了之後沒錢花。而且，產業興衰變動快速，也不用等真正年紀大了被逼退，職場上瀰漫朝不保夕的氛圍，似乎人人都可能隨時丟掉飯碗……

多年靈性學習所建立的理念，讓我深信：以「匱乏」開始的動機，很容易吸引「匱乏」。與其從三十幾歲開始，就在擔心將來中年以後沒錢花、老之將至沒人照顧，不如先建立富足而自主的信心，再開始構想如何投資理財。

另一個伴隨而來的隱憂則是：**退休規劃，不能只是聚焦在跟金錢有關的數字上，這是不合邏輯的演算法；如果你想預估具體的養老金，必須從建立穩健的生活風格開始。**

換句話說，你必須先確定自己：在逐漸成熟的路上，每個不同的階段，想要過怎樣的生活？逐漸老化之後，身心可以維持到怎樣自主的程度？以及，是否可以培養出，面對任何人生的無常，都可以處變不驚的態度？才能建構出一個虛擬的金額，除了足以撫慰內心的不安，還必須真能符合日常所需。

所有關於退休的試算表，一開始會問的第一個問題都是：退休之後，一個月要多少錢花用，你才覺得足夠？這個問題，好像具體指出兩個重點：一個是，你要幾歲退休？另一個是，需要多少金額？而這兩個問題，雖然都值得仔細思考，但是能真正具體回答的人，卻少之又少。

大部分的人，都會因為不喜歡現在的工作，而低估自己還能繼續付出能力的歲數，希望愈早退休愈好；另一方面，卻又高估了退休之後必須要的生活花費。

舉個最簡單的實例，幾乎所有金融單位都指出：若離開職場後，想過有品質的生活，退休金要準備將近新台幣兩千萬元才足夠。

這個數字聽起來算是合理，很少人質疑。但是，你回頭仔細看看身邊的親友，還真的有不少人，這輩子根本存不到新台幣兩千萬元，卻知足幸福地過完美好的人生。

而且，當你做完一連串退休規劃的問卷之後，會發現幾乎所有的問卷都漏掉了很重要的問題：**難道你退休之後，就真的只想遊山玩水不工作嗎？你在職場上培養的專長、經驗與能力，在退休後就毫無用武之地嗎？如果是的話，你會不會想要轉換跑道，學習一些新的技能，讓退休後的餘生，在不需要為錢而賣命的前提下，過得既有趣味、又有價值，還更有成就感呢？**

即使如同現今金融業倡議的，從三十五歲就要開始想到退休，**在做退休規劃時，絕對不能只想到錢，那是逃避對自己人生負責的做法。當你只聚焦在金錢上，就很容易忽略其他的潛力與才華。因為你會用「錢不夠用」這個藉口，輕易地阻擋自己繼續學習，以及對別人付出。**

而往往唯有透過繼續學習，以及對別人付出，才是真正可以為自己創造生命價值的做法。當你的生命有價值時，根本就不愁吃、不愁穿，不只金錢財富會不請而來的自動找上你，心靈豐盈也會滿溢於你的胸臆之間。老媽對金錢比較保守而悲觀，她常跟我說：「人，只有兩隻腳；錢，有四隻腳！人，是永遠追不上錢的！」我都以開玩笑的方式回答：「對喔，所以我都穩穩地走好自己的道路，讓錢來追我，這樣比較快啦！」

雖是玩笑話；我卻認真說！

我熱愛我的工作，目前都沒去想，要做到幾歲才要退休。最好可以有體力，繼續做我喜歡的事，永遠都不要退休。

但是，如果用不同的標準來定義退休，**當你覺得自己不需要只是為錢而工作的那天開始，其實你就已經從傳統的職場觀念裡退休了。**最重要的關鍵是：你不在是被動地聽命於主管或公司，而付出自己的能力；你是為創造自己的價值，並為天下眾生，貢獻自己的才華。

當你的生命有價值時，根本就不愁吃、不愁穿，
不只金錢財富會不請而來的自動找上你，
心靈豐盈也會滿溢於你的胸臆之間。

為愛漂逐生命的遠方

用初心將自己帶回為愛出發的地方

人生，有很多次的遠行，改變的不只是後來身處在哪個新的地點，而是當時不斷糾結於原地的心情。

每一次的遠行，都會有新的人生風景在面前開展。有的令人流連忘返；有的讓我們適應不良。浪跡天涯過後，寫在旅人臉上的線條，是得意或滄桑，完全說不得謊。

這當然也要看啟程去遠方的動機，是主動規劃、還是被動無奈的決定。

若起因於主動規劃，就很可能是一趟華麗的冒險；如果是在被動無奈的情況下出發，必須要有很強烈的動機去改變自己，否則很容易就此陷入失意的深淵，離得去，卻回不來。

除了誕生來到這個世界的那一次先不算在內的話，我們生命中最早一次的獨自離家遠行，會是在什麼時候呢？很多人在小學階段，可能有參加過一種被稱之為「遠足」的活動。對於小小孩童來說，是令人雀躍的旅行。小小背包裡，除了家人幫忙準備的零食與飲料，還有很多興奮期待的心情。

當我們再長大一點，回頭看小學那個被稱之為「遠足」的地點，才發現它其實一點都不遠，只不過那時年紀太小，而世界太大，彷彿只要稍稍離開父母緊緊牽著的手，都能憧憬未來的無限自由。

還記得嗎？後來漸漸長大的你，是用什麼把自己帶到遠方？

//

青少年時期的遠行，往往和自己的叛逆有關。無論是失學、求學、遊學、留學，表面上啟程的原因都是為了學業，而真正不想（或無法）繼續待在家裡的原因，都是想逃離原生家庭中，很多無能為力的沮喪。

雖然，有時候這種沮喪，會以包裝成「夢想」的方式出現，但無論逐夢成功或失敗，都必須等一路顛沛流離到懂得想家、有了鄉愁，才會開始重新看待這一趟遠行的意義。

忽焉轉身，我們已經成為大人。這時候，能把自己帶到遠方的，不是工作、就是感情。而且一旦出發，就會走得好遠，彷彿這一輩子都不再復返，也不希望回頭。除非衣錦還鄉，否則平添惆悵。

富有挑戰性，並勝任愉快的工作，可能讓你在遠方飛黃騰達。闖蕩江湖後，若是落魄潦倒，往往以客死異鄉，替代落葉歸根的想望。遠距離的

戀愛，若能修成正果，遠方便是幸福的天堂；而飄洋過海來看你的結局，若只剩淒涼，遠方就成為浪跡天涯的感嘆。

還有些人，畢生從未真正出發，老來卻因為一場病痛，而把自己帶到遠方。有的是因為就醫的需要，千里跋涉去求診。有的是追求自我內在的解脫，終於離開從前那個充滿執念的小我。

從小，算命先生都說我是「殺、破、狼」的命格，一生注定飄盪，奔波勞碌，驛馬星動。事後果真也印證，不斷搬家、換工作，直到現在，為了公務與家務兩頭匆忙，半刻未得閒。

每一次出發，都把自己帶到好遠的地方；但老實說，心裡都沒有真正的離開。即使有幾年，必須長駐海外工作，每一趟都是三十小時的飛行，我也從來沒有真正覺得自己身處遠方。比起浩瀚星河與地球的距離，縱使我已經飛到離家再遠的地方，都只是近在咫尺。

直到經歷過幾段深刻的感情，我才知道：**無法抵達對方的心，才是人生中最遠的天涯！日日夜夜的擺渡，即使是五百年前有過同船的緣分，今生的距離竟就是如此遙遠。**我們身處在紅塵俗世中，慶幸以肉身重逢，卻遺憾於心靈無法靠岸。那才是真正的千里奔波，無功卻不能返。為愛徹徹底底的流浪，回頭竟是彼此都已百年身的枉然，連寄情於來世都是奢望。

人生至此，回不去的青春，更是到不了的遠方。我和自己隔著時間的長河，遙遙相望。與其同情，不如疼惜。我們都沒有哭，並非刻意逞強，而是在漫天風沙中，看到那無愧於初心的曲終人散。

走到熟年，對情愛的渴望，再怎麼奢求，也只剩簡單。月下攜手一段路，輕觸指尖的電流，像一條隱形的帶狀霓虹，在墨深的夜色中，提醒著彼此曾經溫柔地相待過。我渴望著跟你的天長地久，如果此生緣分不能強求，至少各自兩頭之後，讓我知道你會健康平安。

月下的霓虹，指尖的電流，雖是剎那，也是永恆。

你的心，或許依然是我無法抵達的遠方。但值得感謝自己的是，我在曾經為了想要靠岸的途中，去到過比你的心更遠的地方。是這樣的週而復始，才能真正回到愛的初心。我終於明白：**洶湧澎湃，只是一時的際遇；歸於平靜，更能體驗生命無常之後的空無與圓滿。**

半生流浪，漂逐過無數的遠方，永遠別忘記：用初心把自己帶回，當時為愛出發的地方。原來，當我們不再渴求、停止欲望，當下就能抵達，生命的遠方。

浪跡天涯過後，寫在旅人臉上的線條，
是得意或滄桑，完全說不得謊。

愈成熟，愈天真
——與自己的內在小孩重逢

作　　者 | 吳若權 Eric Wu
發 行 人 | 林隆奮 Frank Lin
社　　長 | 蘇國林 Green Su

出版團隊
總 編 輯 | 葉怡慧 Carol Yeh
責任編輯 | 鄭世佳 Josephine Cheng
責任行銷 | 朱韻淑 Vina Ju
封面裝幀 | 鄭婷之 zzdesign
攝　　影 | 張語辰 Chen Chang
吳若權 P.277
蔡馥年 P.33、P.120、P.236
莊貽荏 P.273
內頁排版 | 黃靖芳 Jing Huang

行銷統籌
業務處長 | 吳宗庭 Tim Wu
業務主任 | 蘇倍生 Benson Su
業務專員 | 鍾依娟 Irina Chung
業務秘書 | 陳曉琪 Angel Chen・莊皓雯 Gia Chuang

發行公司 | 悅知文化　精誠資訊股份有限公司
105台北市松山區復興北路99號12樓
訂購專線 | (02) 2719-8811
訂購傳真 | (02) 2719-7980
專屬網址 | http://www.delightpress.com.tw
悅知客服 | cs@delightpress.com.tw
ISBN：978-986-510-137-4
建議售價 | 新台幣360元　　首版一刷 | 2021年03月　首版九刷 | 2023年05月

國家圖書館出版品預行編目資料

愈成熟,愈天真：與自己的內在小孩重逢 / 吳若權著 -- 初版. -- 臺北市：精誠資訊股份有限公司, 2021.03
面；　公分
ISBN 978-986-510-137-4（平裝）
1.自我實現 2.生活指導

177.2　　110001710

建議分類 | 心理勵志・生活散文

悅知文化
Delight Press

線上讀者問卷 TAKE OUR ONLINE READER SURVEY

總有一天，
我會失去愛你的權利；
但我想你會知道的，
我連想念都如此用力。

——《愈成熟，愈天真——與自己的內在小孩重逢》

請拿出手機掃描以下QRcode或輸入
以下網址，即可連結讀者問卷。
關於這本書的任何閱讀心得或建議，
歡迎與我們分享 ◡̈

http://bit.ly/37ra8f5

讀者回饋 「如果可以，你想遇見幾歲的自己？」

想與 18 歲的自己重逢。請勇敢挑戰自己，多嘗試多享受不同的事物，對自己要有自信一些。因為從前錯過太多事物，好多想嘗試的事都沒做到，現在更不可能實現。

—— chuan

我想回到 18 歲，那個剛要接觸社會，開始學會和不同階層的人相處的年紀。和自己說：「先學會愛自己，有自信一點，再去喜歡別人，不用討好，自己已經很棒！」珍惜你的人，自然會留下，一直都在。

—— 曉君

回到 18 歲，和自己說不要太自卑，安全感只要往內探索，都能自己給予。唯有真正愛過自己，別人就會愛著你。

—— Catheryn

我想與 5 歲的自己重逢，想對她說，好好珍惜純樸天真的自己，因為那時候的自己最單純最可愛～不想面對現在有心機的現實生活。

—— 若淩

想與遇見 19 歲的自己，告訴他勇敢一點，幸福是靠自己追求來的，因為你是獨一無二的。

—— 黃靜文

歡迎大家前往
留下你的小故事
（以上內容皆已取得當事人同意轉載）